구약과 윤리에 대한 간결하지만 핵심적인 책이다. 구약 본문에서 오늘의 현실에 적용할 지침만 찾아내는 읽기를 강력히 경계하면서, 구약 문서의 고유한 성격과 다양성을 진지하게 다룰 것을 권한다. 무엇보다 구약성경에 빈번히 등장하는 내러티브에 주목하면서, 보편적 원리를 찾아내기보다 구체적이고 특수한 본문에 주의를 기울일 것을 촉구한다. 이 책의 모든 내용이 유익하지만, 자연법에 대한 바턴의 논의는 세속 사회 속에서 복음이 지닌 공적 의미를 주목해야 할 오늘의 현실에서 더욱 곰곰이 따져 읽어 볼 만하다. 모든 감정과 상식을 배제한 채 오로지 성경에 나타난 명령에만 주의를 기울여야 '신본적'이라 여기는, 무감각하고 기계적인 한국 교회의 성경 이해에 큰 도전을 던진다. 때로 바턴의 견해에 동의하기 어려운 부분도 있지만, 구약 윤리를 현실에 적용하는 일의 위험성과 필요성, 가능성을 매우 설득력 있게 제시한다는 점에서 바턴은 하나의 표준이다. 많지 않은 분량이지만, 곳곳에서 잠시 독서를 멈추고 곰곰이 생각하고 싶어지는 통찰력 넘치는 책이다.

김근주 기독연구원 느헤미야 학술부원장

대학생, 청년, 신학생 누구라도 구약 윤리를 제대로 배울 수 있는, 영국의 견실한 구약학자 존 바턴의 균형 잡힌 책이다. 저자는 구약의 윤리가 단순히 하나의 체계나 원리로 정리되기에는 상당히 복잡함을 인정하지만, 구약이 그리는 이상 사회에 걸맞은 도덕적 비전에서는 어느 정도 통일성이 있다고 본다. 바턴은 생태 윤리, 성 윤리, 소유권과 재산권 영역에서는 구약성경의 윤리가 현대인에게도 상관성이 크다고 주장하며, 구약의 도덕적 체계를 도출하기 위해 십계명과 같은 율법은 물론 다윗의 이야기 같은 내러티브에도 호소한다. 또한 구약의 윤리가 하나님의 명시적인 특별 계시에만 터하지 않고 자연법적 이성에 근거하기도 한다는 점을 덧붙이는데, 이것은 이 책의 독특한 통찰이다. 그리스도인은 신앙을 통해 윤리를 표현하지만, 객관적인 윤리적 행위를 통해서도 기독교 신앙의 진수를 명료하게 증거할 수 있다. 기독교 신앙은 윤리로 치환하거나 축소될 수 없는 심오한 신비와 역설을 담고 있지만, 윤리적 검증을 거치지 않고 세상 사람들에게 소통될 수는 없다. 이런 점에서 이 책은 주관적·배타적으로 보이기 쉬운 기독교 신앙이 객관적으로 옹호되고 증명될 수 있다는 가능성을 보여 주는 수작이다.

김회권 숭실대학교 기독교학과 교수

'윤리와 구약'은 늘 구약학의 변방에 머무는 주제였지만, 옥스퍼드의 특출한 학자 존 바턴은 이 주제를 평생의 과업으로 삼고 부단히 매진해 왔다. 그가 그려 내는 구약의 윤리는 법규들의 단순한 해석이 아니라 다양한 내러티브 안에 담긴 저술자의 사회적 도덕 비전에 맞닿아 있다. 이 책은 구약 윤리를 단순히 몇 개의 윤리적 명제들로 축소 환원시키는 데서 벗어나, 독자로 하여금 개인적·사회적 차원의 도덕적 비전을 회복하도록 돕는 큰 공헌을 한다. 분량은 짧지만 깊이 있는 생각을 자극하는 탁월한 구약 윤리 안내서다.

류호준 백석대학교 신학대학원 구약학 교수

구약 윤리를 간결하게 소개하는 권위 있는 책이 번역되어 기쁘다. 이 책은 구약의 다양한 이야기와 사건들, 율법, 선지서 본문들이, 비록 시대적·문화적 상황을 고려하여 읽는 작업을 거쳐야 함에도 불구하고, 시대에 구속되지 않는 유효한 윤리 규범을 현대에도 제공함을 명징하게 드러낸다. 동성애, 생태 문제, 빈부 문제 등 오늘날 논란이 되는 중요한 이슈에 대해서도 이 책이 제시하는 구약의 윤리적 비전은 크게 도움이 될 것이다. 짧고 간결함은 이 책의 장점이자 아쉬운 점이다.

신원하 고려신학대학원 기독교윤리학 교수

영국의 대표적 구약학자 존 바턴 교수의 탁월한 신학적 통찰이 드디어 한국에 상륙했다. 바턴은 그간 경시되어 온 구약 윤리의 깊이와 중요성을 성경신학적으로 간결하게 설명하고 깔끔하게 논증한다. 이 책은 구약의 윤리가 신앙 공동체(구속 공동체)는 물론이고 일반 세상(창조 공동체)에서도 여전히 유효함을 역설하고 있다. 구약 윤리가 하나님이 창조하신 온 세상을 위한 것임을 다시금 분명하게 깨닫게 될 것이다.

차준희 한세대학교 구약학 교수, 한국구약학연구소 소장

21세기는 실로 복잡하고 다양한 윤리 문제를 야기한다. 옳고 그름, 선과 악의 잣대가 이토록 모호해진 시대가 또 있었을까? 이 불확실성의 때에 성경은 어떤 윤리적 기준을 제시하는가? 이 질문에 대답하기에 전 세계 구약학자 중 존 바턴만큼 준비된 학자는 없고, 그의 책을 번역하기에 전성민 박사만큼 적합한 이가 없다. 구약성경은 이 시대에 어떤 해답을 제시하는지, 성경적 윤리관이란 무엇인지 궁금해하는 이들에게 소중한 지침서가 될 것이다.

홍국평 연세대학교 연합신학대학원 구약학 교수

바턴은 현대 구약 윤리 분야에 중요한 기여를 한 학자다. 『온 세상을 위한 구약 윤리』는 그가 20여 년에 걸쳐 여러 기고문을 통해 전개하고 발전시켰던 통찰과 관점을 잘 정리해 놓은 흥미로운 책이다.

크리스토퍼 라이트 『현대를 위한 구약 윤리』 저자

온 세상을 위한 구약 윤리

IVP(InterVarsity Press)는
캠퍼스와 세상 속의 하나님 나라 운동을 지향하는
IVF(InterVarsity Christian Fellowship)의 출판부로
생각하는 그리스도인을 위한 문서 운동을 실천합니다.

Ethics and the Old Testament
ⓒ John Barton 1998, 2002
First published in 1998 by SCM Press
This new edition published in 2002 by SCM Press
Translated by permission of SCM Press
9-17 St Albans Place, London NT ONX
All rights reserved.

Korean Edition ⓒ 2017 by Korea InterVarsity Press
156-10 Donggyo-Ro, Mapo-Gu, Seoul 04031, Korea

한국어판의 저작권은 SCM Press와 독점 계약한 IVP에 있습니다.

온 세상을 위한 구약 윤리

Ethics and the Old Testament

어떻게 선하고
인간다운 삶을
살 것인가

존 바턴 | 전성민 옮김

IVP

사랑하는 딸 케이티에게

차례

한국어판 서문 11

초판 서문 15

개정판 서문 17

    1. 구약 윤리의 생명력   19

    2. 윤리와 이야기   41

    3. 세 가지 윤리적 문제   63

    4. 하나님의 명령인가 자연법인가   89

    5. 우리는 왜 도덕적이어야 하는가   113

    6. 인간의 존엄성   139

주   155

해설(전성민)   159

한국어판 서문

성경을 진심으로 믿는 그리스도인에게도 구약의 어떤 윤리적 가르침은 문제가 될 수 있다. 예를 들어, 십계명의 어떤 계명이 질서 잡힌 사회를 어떻게 형성할 수 있는지는 쉽게 이해할 수 있지만, 좀더 엄격한 율법은 우리를 당혹스럽게 한다. 성전 제사에 관한 상세한 내용이나 고대의 거래 관습과 재산 분쟁에 관한 법과 같이, 구약성경에는 좀처럼 우리 삶과 관계없어 보이는 도덕적 명령이 많다. 그리스도인들은 성경의 가르침에서 출발하여 우리의 삶의 방식에 도달하는 길이 있다고 확신하지만, 그 경로가 항상 분명하지는 않다.

구약의 윤리적 가르침을 우리의 사회·정치적 현실에 적용하기 전에, 우리는 우선 이 가르침이 어떤 것인지 알아야 한다. 이 책은 캐나다 빅토리아의 그리스도인들에게 강의한 윤리와 구약에 관한 내용이 기초가 되었다. 나의 첫 번째 과제는 구약 윤리의 성격과 특성, 즉 이른바 성경의 '도덕적 비전'을 서술하는 일이다.

학계의 윤리학자들은 분명 구체적인 도덕적 의무에 관심을 기울이며 도덕적 난제들(낙태, 사형제, 자본주의 윤리, 성도덕 등)을 연구한다. 그러나 종종 더 높은 층위의 문제에도 관심을 보인다. 예컨대, '선하다고 여겨지는 도덕적 행동이 선한 이유는 무엇인가?' '도덕 규율들은 어디에서 기원하는가?' '무엇이 좋은 삶을 구성하는가?' 같은 질문이다. 그래서 이 책에서도 이런 질문을 일부 살필 것이다. 때로 사람들은 구약성경이 이런 질문에 조금이라도 기여할 수 있다는 사실에 놀라기도 하지만, 나는 바로 이 사실을 보여 주고자 했다. 인간의 존엄성에 대한 마지막 장은 비그리스도인들이 구약의 가르침에 대해 흔히 품는 인상을 거스른다. 구약성경이 온통 신에 대한 인간의 굴종과 인간의 죄악에 관한 것이라고 생각되곤 하지만, 사실 구약의 관점에서 인간은 매우 고귀한 존재다. 자신이 만든 것을 존중하는 하나님의 가장 위대한 창조물로 인간을 보기 때문이다.

  한국의 사회적 상황은 캐나다나 내가 사는 영국과는 매우 다를 것이다. 분명 오늘날 전 세계의 모든 사회가 여러 면에서 유사한 문제에 직면하겠지만, 한국의 정치 상황은 내게는 특히 미지의 영역이다. 그러나 나의 글이 문화적 경계를 넘어 소통되기를 바란다. 고대 중동의 맥락에서 쓰인 성경이 여전히 모든 사회의 다양한 사람을 위한 메시지를 담고 있듯이 말이다. 어떤 사회에 살든, 구약성경에서 삶을 위한 지침을 얻어 내는 쉬운 길은 없다. 그러나 구약성경이 맨 처음 기록된 사회에도 쉬운 길은 없었다. 선하고 윤리적인 삶을 살아가는 방법을 발견하기란 세계 어느 곳에서도 쉽지 않다. 그리고 구약성경은 고대 이스라엘 사람들도 그것을 얼마나 어려워했는지 너무나 분명히 보여 준다. 이스라엘의 이야기가 항상 좋은 예만은 아니었다. 때로 그 이야기는 일이 어떻게 끔찍이도 잘못될 수 있는지에 대한 경고다. 구약성경은 그리스도인이 믿는 것처럼 신성한 하나님의 책이자, 인간의 잘못과 악행으로 가득한 인간의 책이기도 하다. 하나님이 우리에게 주시고자 하는 안내서는 율법, 충고, 이야기, 노래들이 복잡하게 섞여 있는 것으로, 그 안에서 우리는 하나님의 뜻대로 사는 것이 얼마나 굴곡 많은 여정인지, 그러나 또한 얼마나 가치 있는 일인지 보게 된다.

나의 제자였던 전성민 교수가 이 책의 번역을 감당해 주어 매우 고맙다. 성경 윤리에 대한 그의 연구는 도덕 가르침에 주목하면서 구약성경, 특히 내러티브로 기록된 책들을 어떻게 읽어야 하는지에 대한 뛰어난 사례다. 이 책이 새로운 맥락에서도 유용하기를, 새로운 독자들이 구약 윤리의 깊이와 중요성을 잘 이해하는 데 도움이 되기를 바란다.

2016년 8월
옥스퍼드에서 존 바턴

초판 서문

이 책은 브리티시컬럼비아 교구 교육 재단 이사회의 고마운 초청으로 1997년 1-2월에 했던 존 알버트 홀 강연 내용을 확장한 것이다. 브리티시컬럼비아 교구와 빅토리아 대학교의 종교와 사회 연구소 협력으로, 강연은 때로는 연구소에서 때로는 빅토리아의 크라이스트 처치 대성당에서 이루어졌다. 아내와 나의 빅토리아 방문을 환영해 준 많은 사람에게 감사를 표할 기회를 얻게 되어 매우 기쁘다. 특히 당시 연구소 소장 대행이던 마이클 해들리와 아니타 보라데일 해들리의 아낌없는 환대에 감사한다.

나는 옥스퍼드 대학교로 돌아온 이후 강연 내용을 신학과 학부생들에게 단기 과목으로 강의했다. 그런 후에 학생들의 유용한 논평을 받아 원래 원고를 다소 수정했는데, 특히 데이비드 라이머의 건설적인 논평에 큰 도움을 받았다. 기쁜 마음으로 데이비드 라이머에게 감사의 뜻을 표한다.

고도로 전문적이며 연구가 상당히 진척된 영역을 비전문가 청중에게 발표하는 데는 언제나 위험이 따른다. 하지만 그 연구가 그저 혼잣말로 그치지 않으려면 그렇게 하는 일은 매우 중요하다. 빅토리아 강연의 청중은 예리한 의견을 많이 제시해 주었으며, 내가 다루는 주제를 더 잘 이해하도록 도움을 주었다. 이에 그들에게 가장 깊은 감사를 드린다.

사랑을 듬뿍 담아, 딸 케이티에게 이 책을 헌정한다.

1997년 7월
옥스퍼드에서 존 바턴

개정판 서문

책을 다시 인쇄하게 되어 내가 구약의 '윤리적 비전'이라고 부르는 주제, 곧 인간의 존엄성에 대한 구약의 확고한 신념에 관해 한 장을 추가할 수 있었다. 이 내용의 일부는 런던 유대인 그리스도인 협회의 초청으로 2001년 11월 22일에 런던 세인트존스우드에 있는 리버럴 회당에서 했던 릴리 몬태규 기념 강연을 준비하면서 발전시킨 것이다. 초청해 준 협회와, 논의에 참여하여 생각을 발전시키는 데 도움을 준 협회의 여러 회원에게 감사드린다.

2002년 6월
옥스퍼드에서 존 바턴

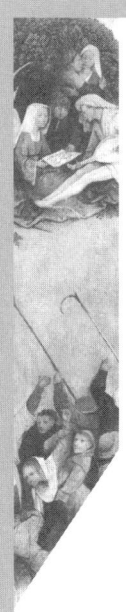

1

구약 윤리의
생명력

"늘 성경을 읽는 사람들은 성경이 바깥세상에서 보기에 얼마나 이상한지 깨닫기 힘들다."[1] 성경에 익숙한 그리스도인에게야 성경이 위안과 영감을 주겠지만, 다른 사람에게는 전적으로 야만적이고 이질적인 책으로 충격을 주는 경우가 아주 잦다. 성경은 우리가 사는 세계와는 아주 동떨어져서 우리에게 해 줄 말이라곤 전혀 없는 세계에서 온 책처럼 여겨진다. 성경을 기독교 윤리의 자원으로 삼을 때 이 문제가 가장 명확히 드러난다. 윤리학자들이 특히 구약성경을 무시하려는 이유를 열거하는 것보다 쉬운 일도 없다. 구약 율법은 간음에 대해 사형을 선고하고(레 20:10; 신 22:22), 폭행에 대한 처벌로 신체 절단을 암시하는 듯하다("눈은 눈으로…", 출 21:23-24; 레 24:19-20; 신 19:20). 또한 대부 이자 취하는 것을 금하는데(신 23:19), 이는 현대 경제에도 심각한 어려움을 초래할 수 있다. 그리고 전통적으로 차라아트(sara'at), 즉 '나병'이라 번역된 갖가지 피부병에 걸린 사람들을 사회적·종교적 낙오자로 따돌린다(레 13-14장). 율법은 이런 이야기의 일부일 뿐이다. 여호수아서는 이스라엘 민족이 자신들에게 약속된 땅을 확실히 소유하려고 도시의 모든 거주민을 대량 학살한 행위를 찬동하며 전한다(수 6, 11장). 반면에, 이스라엘 최초의 왕 사울은 아말렉을 정복할 때 숨 쉬는 모든 것을 진멸하라는 하나님의 명령을 열성을 다해 실행하지 않아 하나님의 승인을 잃어버린다. 사무엘 예언자가 사울을 대신하여 그 임무를 완수한다. "사무엘이 [아각(사울이 살려 둔 아말렉의 왕)에게] 이르되, '네 칼이 여인들에게 자식이 없게 한 것같이 여인 중 네 어미에게 자식이 없으리라' 하고 그가 길갈에서 여호와 앞에서 아각을 찍어 쪼개니라"(삼상 15:33).

이렇듯 불쾌한 언급을 하면서 시작하는 이유는, 오늘의 삶에 대한 구약 윤리의 적실성을 확립하는 일이 매우 버거운 과제임을 처음부터 인식하는 것이 중요하기 때문이다. 구약이 성경이라는 주장이 일부 그리스도인에게는, 방금 언급된 매력 없는 구절들의 윤리적 함의까지도 받아들이며 그 함의를 우리가 살아가는 현대의 일관된 도덕 체계에 수용하는 방법을 찾아내는 것이 자연스러워 보인다는 의미다. 하지만 더 많은 그리스도인들이나 종교적 신념이 없는 모든 사람에게는, 이 주장은 기껏해야 그럴듯하지 않아 보이고 최악의 경우 우스꽝스럽거나 비도덕적으로까지 여겨진다. 그런 사람들에게 구약성경과 기독교 윤리의 관계를 다룬 책은 애초부터 실패가 예정되어 있다. 합리적인 사람이라면 혐오할 수밖에 없는 율법과 관습에 대해 둘러대기 위한 교묘한 술수에 불과하다.

그런 것은 내 의도가 아니며, 둘러대는 것도 내 의제에 들어 있지 않다. 나는 윤리 연구의 여러 영역에 걸쳐 구약성경에서 배울 것이 많음을 보여 주고 싶다. 그러나 오늘날 누구라도 발견할 수밖에 없는 구약의 결점을 무마하려는 어떤 시도도 하지 않을 것이다. 유혈과 폭력 같은 요소를 가리는 위장막으로 종종 사용되는 구약 문헌의 좀더 매력적인 측면에서 시작하지 않고, 오늘날 구약 사용을 세간의 비판자들이 인식하는 것보다도 훨씬 더 어렵게 만드는 구약의 다른, 그리고 좀더 일반적인 몇몇 특징을 다루면서 시작하고자 한다. 그러나 이런 가망 없어 보이는 길을 통해, 우리의 윤리적 사고를 돕는 가능한 자원으로 구약성경에 접근하는 보다 생산적인 방법에 이르기를 바란다.

하나님이 요구하시는 윤리적 행동의 요약으로 가장 널리 통용되어 온 구약 텍스트는 십계명 혹은 데칼로그(Decalogue)다. 흔히 회당이나 교회의 벽에는 예배자들에게 자신들이 지키기로 한 도덕 규정을 상기시키기 위해 십계명이 게시되어 있다. 출애굽기 20:1-17의 본문은 아래와 같다(좀 덜 익숙한 본문으로는 신 5:6-21이 있다).

하나님이 이 모든 말씀으로 말씀하여 이르시되, "나는 너를 애굽 땅, 종 되었던 집에서 인도하여 낸 네 하나님 여호와니라. 너는 나 외에는 다른 신들을 네게 두지 말라. 너를 위하여 새긴 우상을 만들지 말고 또 위로 하늘에 있는 것이나 아래로 땅에 있는 것이나 땅 아래 물속에 있는 것의 어떤 형상도 만들지 말며, 그것들에게 절하지 말며, 그것들을 섬기지 말라. 나 네 하나님 여호와는 질투하는 하나님인즉, 나를 미워하는 자의 죄를 갚되 아버지로부터 아들에게로 삼사 대까지 이르게 하거니와, 나를 사랑하고 내 계명을 지키는 자에게는 천 대까지 은혜를 베푸느니라.

너는 네 하나님 여호와의 이름을 망령되게 부르지 말라. 여호와는 그의 이름을 망령되게 부르는 자를 죄 없다 하지 아니하리라.

안식일을 기억하여 거룩하게 지키라. 엿새 동안은 힘써 네 모든 일을 행할 것이나, 일곱째 날은 네 하나님 여호와의 안식일인즉, 너나 네 아들이나 네 딸이나 네 남종이나 네 여종이나 네 가축이나 네 문안에 머무는 객이라도 아무 일도 하지 말라. 이는 엿새 동안에 나 여호와가 하늘과 땅과 바다와 그 가운데 모든 것을 만들고 일곱째 날에 쉬었음이라. 그러므로 나 여호와가 안식일을 복되게 하여 그날을 거룩하게 하였느니라.

네 부모를 공경하라. 그리하면 네 하나님 여호와가 네게 준 땅에서 네 생명이 길리라. 살인하지 말라. 간음하지 말라. 도둑질하지 말라. 네 이웃에 대하여 거짓 증거하지 말라. 네 이웃의 집을 탐내지 말라. 네 이웃의 아내나 그의 남종이나 그의 여종이나 그의 소나 그의 나귀나 무릇 네 이웃의 소유를 탐내지 말라."

자세히 살펴보면 십계명은 첫인상과는 달리 호소하는 정도가 훨씬 더 제한적이다. 성서 비평의 취지 중 하나는 텍스트를 항상 좀더 정확한 역사적·사회적 맥락 속에 두는 것인데, 십계명에 성서 비평을 행하면 유대교나 기독교의 생각보다 십계명이 시대와 더욱더 긴밀하게 연관되어 있음을 알게 된다. 가장 쉬운 방법으로, 이 텍스트가 누구를 대상으로 쓰였는지 보자. 이 내용의 청자는 집과 아내와 종이 있었고 이웃도 있었다. 그는 법정에서 증언할 수 있는 자격이 있었기에 거짓 증언을 하지 않도록 경고가 필요했다. 또 그에게는 돌보아야 하는 부모가 있었다. 요컨대 그는 식솔과 확대 가족을 거느린, 재산을 소유한 계층의 자유인 성인 남성이다. 한 세기 전 서구 민주주의 국가 대부분에서 투표권이 있던 사람들과 같은 부류다. 십계명은 여성이나 어린이, 종의 도덕적 권리나 의무에 대해서는 아무 말도 하지 않는다. 이는 오직 주전 6세기 포로기 이전에 이스라엘 사회를 관장했던 사람들, 즉 자유인 남성에 대한 계명이다.

만약 구약성경 여러 부분에 담긴 몇몇 실제적인 도덕 명령을 다소 문제시한다면, 그 아래 내포된 가정도 역시 현대의 관점에서는 문제가 될 수밖에 없다. 십계명을 역사적 맥락 속에서 평가하는 것은 그것을 우리와 동떨어진 것으로 만들고, 그럼으로써 이질적으로 보이게 한다. 나는 우리 사회가 십계명으로 돌아가야 한다는 호소를 들으면, 십계명이 잘 들어맞는 대략 족장 사회라고 할 만한 사회 제도를 다시 도입하기 원하는 것이냐고 좀 짓궂게 묻고 싶어진다. 물론 십계명의 특수성을 일반화하는 온갖 시도들이 있지만, 적어도 표면상으로는 십계명을 '문자적으로' 보면 우리의 상황과 근본적으로 다르다.

그렇다면 구약 텍스트가 놓인 특정한 사회적 위치는 대체로 윤리학자에게 문제가 될 수 있다. 마찬가지로 구약성경에 서술된 엄청나게 **다양한** 윤리적 명령과 관점 역시 다루기 어렵다. 구약성경은 거의 천 년에 걸친 기록들의 모음집이므로 이런 문제가 그리 놀랍지는 않지만, 다루기 까다로운 자료임은 분명하다. 동시대의 저작이라도 특정 윤리적 사안에 대해 정반대 입장을 취하기도 한다. 유대인이 이방인을 대하는 올바른 태도에 관한 문제는 잘 알려진 예다. 에스라서와 느헤미야서는 이방 민족과의 결혼과 이에 따르는 비유대인에 대한 관대한 태도는 절대로 용납할 수 없다고 주장한다. 느헤미야는 자기가 이방인과 결혼한 사람들의 머리털을 어떻게 뽑았는지 말한다(느 13:23-27). 반면 같은 시대, 아마 주전 5세기나 4세기에 쓰인 룻기는 이스라엘 사람과 결혼하여 다윗 왕의 조상이 된 모압 여인 룻을 칭송한다. 성경 텍스트에 절대 권위를 부여하고자 한다면, 이 문제를 두고 어느 사고방식을 따를지 결정하기가 난처할 것이다.

셋째로, 윤리적 사안을 다루는 텍스트는 종종 우리 대부분이 살고 있는 도덕 세계에서는 이해되지 않는 범주들을 사용한다. 앞에서 '나병' 환자들의 처우에 대해 언급했는데, 이는 더 큰 문제 중 단 하나일 뿐이다. 질병과 건강에 대한 구약의 사고에는 제의적 정결 개념이 작용하는데, 현대 윤리 체계에서는 거의 찾아볼 수 없는 것이다. 뒤에서 탐구하겠지만, 현대적 사고에도 구약의 정결 개념과 유사한 것이 있다. 그러나 대체로 윤리적 규약에 속하는 것이 아니며, 우리 문화에서는 일반적으로 도덕과 구분되는 좀더 일상의 차원에서 작동한다. 도덕은 '오염'이나 '더럽힘'보다는 의도와 죄책을 핵심 개념으로 하는 영역이다. 그러나 구약성경에서 도덕에 대해 언급하는 상당 부분이 정결(purity)과 부정(impurity)이라는 개념을 가정한다. 만약 윤리에 관해 사고할 때 구약성경에서 매력적이고 바로 사용 가능해 보이는 부분만을 살짝 건드리는 것이 아니라 구약 자료를 진지하게 다루려 한다면, 이 문제가 야기하는 어려움을 인정해야 한다.

따라서 널리 알려진 대로 구약의 도덕에 잔인한 특성이 있다는 처음의 난점은 가장 작은 문제일 뿐이다. 구약성경이 우리와 다른 문화에 뿌리내리고 있다는 것, 그 안에 모순이 있다는 것, 도덕에 대해 현대와는 다른 사고 범주를 사용한다는 것 등이 훨씬 더 곤란한 문제다. 이 모두는 구약의 윤리에서 출발해 우리가 도덕적 질문들에 관해 말할 만한 지점에 이르는 단순한 길이 전혀 없다는 의미다.

이쯤에서 어떤 사람들은 이렇게 말할지도 모르겠다. '뭘 기대하는 것인가? 유대교와 기독교 안에서 이 특이한 텍스트들이 차지하는 종교적 지위에 눈이 멀지 않았다면, 그것들이 현대의 윤리 사상에 별로 기여할 점이 없음을 분명히 알 것이다. 종교적인 사람들이야 자기들의 거룩한 경전인 그 텍스트에 관심이 있겠지만, 그렇지 않은 사람에게는 이제 거의 무용지물이나 마찬가지다.' 그러나 나는 바로 이 논점을 수용할 수 없다. 지나간 문화에서 만들어진 문헌 가운데 어떤 것은 명백하게 시대에 뒤떨어져 그것과 대화하기가 불가능하다. 그렇지만 이후 세대들에게 인간 상태를 조명해 주는 문헌들은 살아남는다. 그러한 이유로 우리는 그 텍스트들을 거듭해서 읽으며, 그 의미를 결코 전부 찾아낼 수 없다. 고대 그리스의 비극이 그런 예다. 고대 그리스 사회는 어느 모로 보나 구약성경에 나오는 사고방식을 지닌 사회들처럼 우리와 동떨어져 있다. 그러나 고전 비극 속에 고이 간직된 가치들이 우리 삶을 조명할 수 있다는 데는 누구도 의심이 없다. 그 때문에 여전히 그리스 비극이 무대에서 상연되는 것이다. 구약성경에 대한 나의 주장도 이를 넘어서지 않는다. 나는 유대인과 그리스도인의 경전이라는 지위를 내세우지 않으며, 구약성경을 그저 하나의 고대 문헌으로 여긴다. 그러나 사람들의 첫인상과는 반대로, 나는 이 고대 텍스트가 문화가 매우 다른 현대에도 인간성과 윤리 규범에 대해 계속 공명할 수 있는 무엇인가를 말해 준다고 본다.

구약의 이질성에 관한 세 가지 예로 돌아가 보자. 왜냐하면 그것들은 동시에 구약성경이 여전히 얼마나 할 말이 많은지를 보여 주는 좋은 예이기도 하기 때문이다. 앞서 주장했듯, 십계명은 이스라엘 역사 어느 한 시기에 존재했던 특정 사회의 가치관을 표현한다. 아마도 (추측건대) 그 시기는 주전 8세기 혹은 7세기, 위대한 예언자 아모스, 이사야, 예레미야의 시대일 것이다. 십계명에서 일반적 결론을 도출하고 우리 사회 같은 어떤 사회에 동일한 방식으로 적용한다면, 십계명의 특수성은 어느 정도 침식당하고, 우리는 이를테면 흐릿한 초점을 통해 십계명을 보는 것이다. 그러나 그 자체의 고유한 맥락 안에서 그 자체의 고유한 사회를 배경 삼아 읽는다면, 아마도 십계명이 복잡한 윤리적 전제와 관습들을 바탕에 두어야만 이해된다는 사실을 곧 깨달을 것이다. 그러한 전제와 관습들 중 다수가 예상보다 더 널리 적용될 수 있다.

십계명을 한데 묶는 전제는 무엇인가? 그리스도인과 유대인은 늘 두 개의 '판'의 존재를 강조해 왔다. 이는 전통적으로 모세가 시내 산에서 가지고 내려온 두 돌판의 내용으로 여겨진 것으로, 다소 불균형하게 하나님에 대한 의무(네 가지)와 동료 인간에 대한 의무(여섯 가지)를 담고 있다. 그러나 이 두 판은 본문 안에서는 분리되어 있지 않다. 십계명이 처음 형성된 사회에서는 두 종류의 법률이 완전히 동일한 방식으로 구속력 있다고 생각했음이 분명하다. 그러므로 그 사회는 제의적 충성과 헌신 속에서 하나님을 향한 직접적 의무를 적절히 준수해야 하는 책임이 다른 사람을 향한 도덕적 책임과 동일한 등급으로 여겨졌던 신정주의(theocratic) 사회였다. 현재 남아 있는 모든 증거는 (대략 주전 900-600년 정도인) 왕정 시대가 실제로 그런 사회였음을 암시한다. '종교적'이라는 말을 경건하거나 하나님을 경외하거나 영적이라는 의미로 쓴다면, 그 당시 사람들이 다른 시대 사람들보다 좀더 '종교적'이었다고는 할 수 없다. 그러나 십계명의 배경이 되는 사회가 다소 신정주의 사회였다는 사실은 때로 사람들이 우리 시대의 종교에 대해 말하는 것만큼은 종교가 '사유화'되지 않았음을 의미한다. 종교적 준수는 공적 행위이자, 다른 동료 인간을 향한 의무 못지않게 공적으로 인식된 의무의 문제였다.

십계명의 두 번째 판에서 세 핵심적 범죄인 도둑질, 살인, 간음을 다루는 간결한 방식은 주목할 만하다. 출애굽기는 다른 율법과 마찬가지로 이를 하나님이 직접 주신 법으로 묘사하기는 하지만, 역사적 관점에서 볼 때 고대 근동의 모든 사회에는 이 세 범죄에 대해 때로는 상당히 잔혹하기까지 한 법률이 있었다. 십계명에서 이 범죄들을 그렇게 일반화된 방식으로 다루는 것은 이례적이다. 모세오경 내의 다른 법률들이 까다롭고 불명료한 사례를 고려함으로써 여기에 진술된 바를 제한하긴 하지만, 그럼에도 아마 이렇게 절대적 명령을 만들어 낸 사회에서는 여기 진술된 원리에 대해 매우 분명한 확신이 있었을 것이다. 십계명의 다른 모든 계명과 마찬가지로, 나는 이러한 법들이 생명과 재산 존중에 대한 아주 오래된 합의에 기초한다고 생각한다. 비록 간음 금지가 여성을 일차적으로 남편의 재산으로 보아 도둑질을 금하는 율법의 일부로 이해되었을 것 같지만 말이다. 설령 그렇다 하더라도 이 두 율법은 서로 별개이며, 비록 다른 고대 사회의 (혹은 이 문제에 관해 대부분의 현대 사회의) 수준 이상으로 남성과 여성 관계가 완전히 대칭을 이룬 적이 없었다 할지라도 유사 이래 아내가 재산보다 훨씬 더 가치 있는 존재로 여겨진 증거가 많다.

십계명은 탐심을 금지하는, 모든 계명 중에서 가장 어리둥절한 계명으로 끝난다. 그리스도인들은 십계명을 비유적으로 다루는 데 익숙해서―예를 들면, 살인을 금하는 법을 분노라는 죄성에 대한 경고로 여기는 식으로―질투나 탐욕을 금하는 훈계가 있는 것을 자연스럽게 여긴다. 그러나 만약 이 계명을 실제 사회 배경이 있는 텍스트로 보고 그 안에서 비난받는 죄와 범죄를 지극히 문자 그대로 생각한다면, 열 번째 계명은 매우 기이해진다. 조지 오웰(George Orwell)의 사상 경찰(조지 오웰의 소설 『1984』에 등장하는, 개인의 사상을 비롯하여 모든 것을 감시하는 체제의 공무원―옮긴이)을 이용하지 않고서는 탐심을 범죄로 만들기란 거의 불가능하다. 탐심은 남이 간파하거나 입증할 수 없기 때문이다. 일부 학자들이 여기 사용된 동사(*hamad*)의 의미를 '훔치려고 시도함', 말하자면 외면화된 탐심이라 주장하는 것도 놀랄 일은 아니다. 그러나 그 동사는 성경의 다른 어느 곳에서도 결코 그런 의미로 쓰이지 않는다. 우리는 십계명이 잘못된 정신적 태도를 금지하는 내용을 실제로 담고 있음을 받아들여야만 한다. 이는 아마도 십계명이 원래는 법 **규정**으로 기능하지 않았고, 강제할 수 있는 법률이라기보다는 가르침이나 교훈에 더 가까운 특성을 지녔음을 함의한다.

이를 통해 십계명을 떠받치는 사회적 비전이라 불릴 만한 것을 고찰할 수 있다. 십계명이 많든 적든 얼마나 실제 법 규정을 이루었든지 간에, 그것은 확실히 사회의 윤리적 의무의 본질에 대한 특정한 합의의 표현이다. 적어도 사회가 질서를 이루는 방식에 이해관계가 걸려 있는 사람들에게까지 해당되는 이러한 의무에는 세 영역이 포함된다. 곧 하나님을 향한 올바른 경건, 자신의 이웃과 확장된 이웃인 모든 것을 향해 마땅히 요구되는 존중, 다른 이를 향한 관대하고 인색하지 않은 태도다. 앞서 살펴본 것처럼 십계명의 청중은 이스라엘의 자유인 성인 남성이며, 무슨 말을 하더라도 오늘날 성차별주의나 인종차별주의라 부를 만한 요소가 십계명에 내재해 있음을 회피할 수는 없다. 그러나 이 문제를 긍정적으로 보면, 최소한 십계명의 청중인 남성들이 자기 자율성의 한계를 명확히 인식하고, 서로 적법한 영역을 침해하지 않으면서 상호 존중과 관용의 분위기를 지닌 공동체 안에 사는 것이 좋은 삶이라고 이해하는 사람들임을 함의한다. 또 이들은 하나님에 대한 적지 않은 의무를 인식하고, 예언자들이 오랫동안 주장해 온 것, 즉 이스라엘의 하나님은 이스라엘 내에서 배타적 권한이 있으므로 절대로 다른 신들과 함께 예배하면 안 된다는 원리를 이미 받아들인 사람들이다.

개별적으로 살펴보면 이 가운데 이스라엘에만 고유한 것은 없었다. 고대 근동의 모든 나라에는 살인, 도둑질, 간음을 금하는 법이 있었고, 어떻게 신을 예배해야 하는지에 대한 전제도 있었다. 물론 그 전제가 다신론을 함의한다는 점에서는 다르지만 말이다. 또한 분노, 교만, 탐욕과 같은 태도를 책망하는 현인들의 가르침도 있었다. 십계명의 독특한 측면은, 이러한 세 종류의 윤리적 소재가 단일한 텍스트 안에서 잘 사는 법에 대한 통합된 비전의 일부로 제시된다는 점이다. 이스라엘의 윤리적 프로그램의 여러 세부 사항은 다른 나라의 경우와 유사하고, 몇몇 사항은 강한 혐오감을 주기도 한다. 그러나 그 모든 부분을 연합하고 중재하며, 이를 하나님 앞에서 사는 삶의 일부로 한 우산 아래 모아들이는 추동력은 여전히 인상적이고 특이하다.

구약 윤리에서 논란이 되는 두 번째 특징인 내적 비일관성을 살펴보면, 좀더 장기적 관점으로 볼 때 벌어지는 상황을 다시금 더욱 잘 이해할 수 있다. 앞서 예로 들었던, 바벨론 포로기 이후 이방인에 대한 유대인의 태도에는 아주 극명히 반대되는 입장이 있다. 느헤미야는 이방인 아내와 결혼한 남자들의 머리털을 쥐어뜯는 반면, 이사야서의 세 번째 부분을 쓴 예언자는 다음과 같이 기록했다. "또 여호와와 연합하여 그를 섬기…는 이방인마다 내가 곧 그들을 나의 성산으로 인도하여 기도하는 내 집에서 그들을 기쁘게 할 것이…니 이는 내 집은 만민이 기도하는 집이라 일컬음이 될 것임이라"(사 56:6-7). 이 두 입장은 조화될 수 없다. 그러나 배경을 들여다보면, 두 입장은 공유하는 윤리적 의제에 대한 상반된 반응이라고도 할 수 있다. 일반적으로 이사야 56-66장 저자로 알려진 제3이사야가 누가 거룩한 백성에 속하는지 여부가 중요하지 않다고 믿은 것은 아니다. 그도 느헤미야만큼이나 그 문제를 중요하게 여겼다. 단지 제3이사야는 백성이 될 자격이 모두에게 열려 있어야 한다고 생각한 반면, 느헤미야는 전적으로 물리적 혈통에 의해 결정되어야 한다고 생각했다. 그러나 성원권(membership)이라는 개념 자체에 대해서는 아무런 의문이 없다. 두 예언자 중 누구도 선택된 민족이 없다거나, 어떤 사람이 유대인이냐 아니냐 하는 문제가 중요하지 않다고 말하지 않는다.

마찬가지로, 서로 다른 구약 텍스트 사이에서 드러나는 윤리적 문제에 대한 여러 불일치를 공통 전제의 틀 안에 있는 의견 차이로 볼 수 있다. 또 다른 충격적인 부조화를 보자. 열왕기 저자는 예후가 아합 왕조에 맞서 벌인 피비린내 나는 쿠데타로 인해 그를 칭송하는 반면(왕하 10장을 보라), 호세아 예언자는 이를 끔찍한 범죄로 여겼다(호 1:4-5). 하지만 둘 모두는 이스라엘의 하나님 야웨만을 섬기라는 계명을 위반한 아합 왕조 같은 지배자들이 가증하다는 것에 동의했다. 차이는 그런 왕들을 어떻게 해야 하느냐는 실천에 달려 있다. 일반적으로, 이른바 도덕적 의제를 구성하는 요소에 대해 구약성경 저자들 사이에는 현저한 의견 일치가 있다.

셋째, 구약성경 안에서는 일반적이지만 오늘날에는 대개 이질적인 다양한 도덕적 범주가 있다. 그래서 성경을 읽다 보면 현실에 대한 전반적 이해 면에서 성경이 우리와는 상당히 다른 고대 문화의 산물임을 금세 알게 된다. 특히 두드러진 사례로 앞서 언급했던 오염과 정결에 관한 개념이 있는데, 뒤에서 이 개념이 실제로는 처음 생각보다 덜 이질적임을 보일 것이다. 구약 저자들이 살인이나, 제사 때 저지르는 실수, 혹은 월경으로 인해 동일하게 전가되는 부정 혹은 오염이라는 속성이 존재한다고 여기는 것은 우리에게 익숙하지 않은 세계이기는 하다. 그러나 우리 자신의 지평을 다소 확장할 필요가 있다. 또한 정결에 대한 고대 이스라엘의 관심이 고대 세계와 함께 쇠퇴하지 않고, 오늘날 '정통파'(Orthodox)라 알려진 유대교의 일부가 되어 견고한 형태로 살아남았음을 기억할 필요가 있다. 유대인에게 그리스도인들은, 골목만 돌면 바로 코앞에 존재하는 회당의 삶 속에 여전히 남아 있는 관습이 마치 오래전에 없어진 것처럼 묘사하는 경향으로 원성이 자자하다. 그러나 적절한 시점에, 유대교의 정함과 부정함의 체계가 기독교 윤리학자들이 어떤 도덕적 문제를 다루는 데 도움이 될 수 있음을 주장하려 한다. 이는 20세기 기독교 도덕이 크게 집착했지만 기묘하게도 전통적 기독교와 서구의 도덕적 범주 내에서 다루기 어렵다고 증명된 문제들로, 생태학에 관한 논쟁도 그중 하나다.

따라서 나의 주장은 다음과 같다. 구약 윤리는 언뜻 보기보다 더 통일성 있고, 더 섬세하며, 우리의 관심사와 더 관련이 있다. 물론 이것은 특정한 예를 통해서만 드러날 수 있으므로, 이 책의 나머지 부분에서 이를 입증하고 싶다. 그러나 이쯤에서, 논의가 진행되는 가운데 문제 해결에 도움을 줄 만한 어떤 역설이 눈에 띄었을 것이다. 지금까지의 내용은 다음과 같이 요약할 수 있다. 즉, 구약 윤리는 현대 서구인들이 흔히 추정하는 것보다 더욱 일관된 체계를 형성한다. 구약의 도덕적 명제와 규범들은 어둠 속에서 아무렇게나 마구 쏘아 대는 난사가 아니라 합리적으로 통합된 도덕적 프로그램의 일부다. 역설적이게도, 바로 이 프로그램은 서구의 도덕 철학에 기대하는 일반화나 원리의 진술 같은 형태로는 거의 표현되지 않는다. 구약성경이 비체계적으로 다양한 매개를 통해 도덕을 제시하며, 그중 어느 것도 우리가 윤리에 관해 서술하는 방식과 비슷하지 않다는 첫인상 때문에 구약성경이 단지 뒤죽박죽이라고 생각한다면, 그러한 첫인상은 오해의 소지가 있다. 하지만 도덕적 진리를 전달하는 성경의 방식이 항상 특정하고 구체적인 것을 통한다는 사실을 상기시키는 한, 그 첫인상은 더할 나위 없이 정확하다. 구약 저자들은 엄청나게 비체계적이다. 일반적으로 도덕 원리를 진술해야 할 때, 그들은 특정 지역에서 적용되는 법적 절차에 관한 사소한 규칙이나, 도덕적으로 미덥지 않은 성품을 지닌 변방 사람들에 관한 이야기, 또는 인간들이 어떻게든 따르리라고 기대되는 하나님의 어떤 덕을 극찬하는 찬양으로 답한다. 구약의 저자들을 믿을 수 있다면, 인류를 위한 선의 지식은 특정한 것들을 관찰함으로써 펼쳐진다.

얼핏 보기에 이것은 우리와 그들을 분리시키는 또 다른 요소다. 오늘날 윤리에 대한 사유는 보통 일반 원리에 관한 문제를 논의하고 나서 이를 개별 사례에 적용하는 방식으로 진행되지 그 반대가 아니기 때문이다. 그러나 이것이 이야기의 전부는 아니다. 우리는 다음 장에서 마사 누스바움(Martha C. Nussbaum)의 연구를 광범위하게 살펴볼 것이다. 누스바움은 특수한 것에서 시작하여 설령 이후에 일반 원리를 생각하는 방향으로 나아간다 하더라도, 도덕적 분별의 진짜 고갱이로서 언제나 특수하고 개별적인 것으로 되돌아가는 도덕철학의 접근법을 개척해 왔다. 그녀의 첫 번째 저서인 『선의 취약성』(*The Fragility of Goodness*)[2]에서부터 이러한 연구 노선이 시작되었는데, 여기에서는 도덕적 탐구, 즉 도덕적 삶에서 인간 의지와 우연 사이의 관계 탐구를 위한 자료로 그리스 비극이 활용된다. 이 주제는 비극 작가에 현대 소설가와 시인들을 더해 고찰하는 『사랑의 지식』(*Love's Knowledge*)[3]에서 더욱 발전되었다. 그녀는 자신의 접근법을 보편적 실재에 대한 플라톤적 관심과 명확하게 대조되는, 본질적으로 아리스토텔레스적인 것으로 이해한다.

[아리스토텔레스 윤리학의 일부를 형성하는] 실천지(practical wisdom)는…규범을 요약과 안내로만 사용한다. 규범 자체는 반드시 유연하고, 예기치 않은 것을 대비하고 이해할 준비가 되어 있으며, 즉흥적인 것에 재치 있게 대응할 수 있어야 한다. 그러므로 아리스토텔레스는 오랜 삶의 경험이 실천지를 위한 중대한 전제 조건이라고 강조한다. 그런 경험은 구체적 개별자(the particular)들의 두드러진 특징과 실제 의미를 이해하고 파악하는 능력을 가져온다. 이러한 유형의 통찰력은 연역적 과학 지식과 완전히 다른 것으로, 아리스토텔레스가 상기한 바에 따르면 감각 지각과 좀더 유사하다.…실천적 통찰력은 비추론적이고 비연역적이라는 의미에서 인지함(perceiving)과 유사하다. 이는 핵심적으로 어떤 복잡한 상황의 두드러진 특색을 인지하고 인정하고 그에 반응하며 식별하는 능

력이다. 이론적 '누스'(nous)는 오직 제1원리들에 대한 오랜 경험과, 담론과 설명 속에서 이 원리들이 행하는 근본 역할에 대한 감각, 즉 경험 속에서 그리고 경험을 통해 점진적으로 얻어진 감각에서만 나오는데, 아리스토텔레스도 '누스'라고 부른 실천적 지각 또한 마찬가지로 행위자의 재치와 민감성을 발전시키며 살아가고 선택하는 오랜 과정을 통해서만 얻어진다. "…젊은 사람은 수학자나 기하학자가 될 수 있으며 그러한 종류의 것에 지혜로울 수 있다. 그러나 실천지의 사람이 되는 것 같아 보이지는 않는다. 실천지는 경험을 통해 파악할 수 있는 개별자에 관한 것인데, 젊은 사람에게는 경험이 없기 때문이다. 경험에는 많은 시간이 필요하다"(1142a12-16).[4]

내가 알기로 누스바움은 히브리어 성경 안에 있는 윤리적 요소에 대해 언급한 적이 없지만, 구약성경 전문가로서 나는 그녀의 열쇠가 그 자물쇠를 진정 열 수 있으리라 생각한다. 앞서 이야기했듯이 구약성경은 특수한 것에서 일반적인 것으로 작동하며, 보편적이라는 인상을 주는 원리는 거의 드러내지 않는다. 십계명 같은 일반적 텍스트조차도 특정 시기, 특정 사회의 관심사에 굳게 뿌리내리고 있어서, 결국 십계명은 히브리 문화의 도덕적 가르침만큼만 일반적이다. 구약의 자료 대부분은 지극히 특수하고 구체적이다. 그러나 만약 누스바움이 옳다면, 이런 특징 때문에 구약성경은 필수적인 도덕적 통찰을 주는 바로 그런 종류의 자료가 될 수 있다. 이어지는 두 장에서 그것이 어떻게 이루어지는지 다룰 것이다.

지금까지의 논의를 통해, 윤리를 위한 가능한 원천으로 구약성경을 본다면 오늘날 누구나 찾을 법한 난점에서 벗어나 구약 자체의 독특한 장점이 존재하는 영역이 있다고 호의적으로 평가하는 방향으로 나아가고자 했다. 구약의 자료는 시대에 매여 있고, 때로 일관성이 없으며, 그 아래 깔린 전제들이 너무나 이질적으로 느껴지기도 한다. 그러나 이러한 명백하거나 실질적인 약점은 동시에 강점이 될 수도 있다. 구약성경에서 제시되는 것은 언제나 유효하다고 주장되는 주의 깊게 정리된 법규가 아니라 삶을 다루는 방식이다. 지금 우리가 읽는 이 텍스트들을 형성한 사회 속에 존재하던 온갖 부서짐과 특수성 속에서 삶이 제시된다. 구약성경은 지금껏 서구에서 알아 왔던 식의 도덕 철학을 이루는 재료가 아니다. 그러나 만약 누스바움이 설명한 아리스토텔레스의 윤리 이해가 옳다면, 그러한 도덕 철학 전통 그 자체에는 특수성에 대한 상당한 관심에 기초를 둔 토대가 있다. 단지 도덕 이론에 대한 추상적 지식이 아닌, 성숙과 다양한 인간 삶의 특수성들에 대한 실천적 지식을 필요로 하는 지혜로운 윤리적 판사에 관한 아리스토텔레스의 묘사는 구약의 잠언서나 전철학적 문화(pre-philosophical cultures)의 비슷한 작품에서 묘사된 '현자'와 그리 다르지 않다. 그러한 사람에게 윤리적 통찰력은 경험의 결정체다. 당연히 그것은 보편 원리의 빛 아래 성찰된 경험이지만, 삶의 실재와의 만남 없이 그 원리들을 단순히 참작하는 것이 아니다. 구약 문헌과 그 뒤를 잇는 유대 랍비 문학은 일반화를 너무 자주 거부하는 경향 때문에 도덕 철학 훈련을 받은 사람들의 심기를 자극하곤 한다. 그러나 만일 누스바움이 옳다면, 이를 선용하여 인간의 도덕적 행위가 지닌 복잡성에 접근하는 꽤 좋은 방법으로 삼을 수도 있다. 다음 장에서 구약의 주요한 내러티브 텍스트인 다윗과 그 자녀들의 이야기를 살펴보며 이 주장을 설명할 것이다.

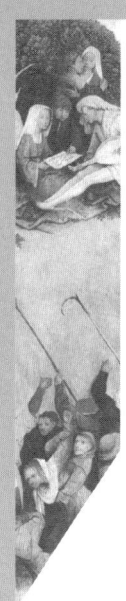

2

윤리와 이야기

"나단이 다윗에게 이르되, '당신이 그 사람이라'"(삼하 12:7). 이 어구는 구약성경의 가장 불온한 이야기 중 하나인, 다윗이 밧세바와 벌인 불륜 이야기의 절정이다(삼하 11-12장). 밧세바는 다윗 왕의 군인 중 한 사람의 아내였다. 다윗은 어느 뜨거운 오후 왕궁 옥상을 거닐다가 밧세바가 목욕하는 모습을 보고 그녀를 불렀다. 그들이 동침한 후에 밧세바는 자신이 임신했음을 알게 되었고, 다윗은 자신이 저지른 일을 덮기 위해 다양한 계략을 썼다. 먼저 밧세바의 남편 우리아를 최전선에서 불러들여, 집으로 가서 밤을 보내도록 온갖 수단을 사용해 그를 설득했다. 그 아이를 우리아의 아이처럼 보이게 하려고 말이다. 그러나 우리아가 현역 군인은 아내와 떨어져 살아야 한다는 규율을 들며 줄기차게 거절하자, 다윗은 우리아를 전투가 가장 치열한 곳에 배치하도록 일을 꾸몄고, 우리아는 예상대로 죽임을 당했다. 밧세바는 다윗의 아내가 되었으며, 결국에는 다윗의 후계자인 솔로몬의 어머니가 되었다. 그러나 밧세바와 다윗 사이에 태어난 첫아기는 죽었고, 우리는 이것이 다윗의 죄에 대한 징벌이었음을 듣는다. 다윗이 밧세바와 결혼한 지 얼마 지나지 않았을 때, 나단 예언자가 다윗을 찾아와 어느 부자에 관한 짤막한 비유를 실화처럼 말한다. 그 부자는 매우 비열해서, 갑자기 찾아온 손님에게 식사를 대접하기 위해 자기 소유의 많은 양들 중 한 마리를 고르는 대신 가난한 이웃의 유일한 양을 훔쳤다. 다윗이 화가 나서 그런 사람은 살 가치도 없다고 단언하자 나단은 간결하게 대답했다. "당신이 그 사람이라." 그런 다음 다윗이 회개했으므로 나중에 용서받을 것이지만, 밧세바와 다윗의 간통으로 태어난 아이는 죽을 것이라고 예언했다.

이 책 1장에서는 주로 고대 이스라엘 사람들의 삶을 위해 공포된 법들, 특히 십계명에서 드러나는 구약의 윤리에 대해 말했다. 그러나 법에 집중할 때, 구약성경이 윤리적 문제에 대해 말해야 하는 것들을 정당히 다루지 못한다고 이어서 주장했다. 특히 그런 접근은 구약성경이 일반 원칙이 아니라 특수한 사례에 집중하는 여러 방식을 간과한다. 어쨌든 구약성경의 절반 정도는 명시적 도덕적 가르침이 아니라 내러티브로 구성되어 있다. 이를 역사, 전설, 이야기 등 어떤 이름으로 부르든지 간에 말이다. 내러티브는 항상 특정한 사람들에게 벌어지는 행동과 사건들이 연결된 고리에 관심을 두기에 필연적으로 특수하다. 게다가 구약 내러티브는 이솝 우화처럼 뻔한 교훈을 담은, 교화하는 이야기로 이루어진 경우가 드물다. 구약 이야기는 보통 단순한 교훈이나 '요점'으로 환원되기를 거부한다. 그 이야기는 의미를 한번 추출하고 나면 내던질 수 있는 종류가 아니다. 우리에게 읽고 또 읽고, 심사숙고하고 다시 살펴보도록 요구한다. 요컨대, 구약 내러티브 대부분은 단순히 설교 예시나 일화가 아니라 문학이다.

최근 두 군데 출처에서 내러티브 텍스트가 윤리학에 유익할 수 있다는 주장이 나왔다. 중요한 공헌 중 하나가 스탠리 하우어워스

(Stanley Hauerwas)에게서 나왔는데,[1] 이에 대해 많은 이야기를 하지는 않을 것이다. 하우어워스는 성경의 내러티브 텍스트, 특히 신약성경에 주목하여 전통적인 도덕 철학이나 기독교 윤리를 대체하는 내러티브 윤리 이론을 제안했다. 우리의 현재 목적에 맞게 하우어워스의 접근법을 아주 단순화하면, 이는 성경 내러티브의 형태, 즉 소위 전해지는 이야기의 '플롯'의 진가를 인정하고 그것을 하나님의 도움 가운데 우리 자신의 삶이 형성하거나 형성할 수 있는 패턴 옆에 나란히 견주는 방식으로 성경 내러티브를 읽는 것과 관련된다. 예수님의 삶에 대한 내러티브는 그리스도인에게 최고의 윤리적 권위를 지니며, 이는 기독교 공동체(그리고 공동체 안의 개인)가 복음서들이 (총체적으로) 묘사하는 예수님의 삶을 모델로 삼아 자기 삶을 바라볼 필요가 있음을 의미한다. 그리스도인에게 유익한 다른 패턴으로는 구약성경에 나타나는 이집트에서의 해방과 약속의 땅을 주심, 사도행전에서 접할 수 있는 초대교회의 삶이 있다. 그리스도인에게 윤리적 이상은 특정한 법이나 계명을 따르기보다는—하우어워스는 사람에게 이를 행할 능력이 있는지를 철저하게 의심하는 개신교 전통을 공유한다—성경에서 발견한 내러티브 패턴을 모방하는 것이다. 실제로 율법에 대한 순종보다는 그리스도를 모방한다는 개념이 그의 윤리적 모델에 더 가깝다.

    하지만 하우어워스에 대해 더 이상은 말하지 않겠다. 하우어워스의 체계가 나쁘다고 생각해서가 아니라—그와 반대로, 그 체계는 그리스도인의 도덕적 삶에 관한 사유에 잘 들어맞고 유익하다—그가 윤리학자가 아니라 성서학 전문가인 내게 자연스러운 방식과는 아주 다르게 내러티브 텍스트를 다루기 때문이다. 내가 보기에 그 체계는 특히 구약성경 내러티브의 주된 관심사인 내러티브의 특수성(particularity)을 어떤 방식으로든 논외로 제쳐 두는 듯하다. 하우어워스의 접근법은 우리가 읽는 내러티브들을 일반화시키고 한데 묶어 주는 기본 틀을 추출하게 한다. 이 복음서나 저 복음서에 담긴 예수님의 이야기가 아니라 모든 복음서들의 기반이 되는 기본 내러티브 윤곽이 그의 관심사다. 즉, 출애굽기나 민수기에 있는 이야기들의 개별적 세부 사항이 아니라 출애굽 이야기의 기본 구조가 그의 관심인 셈이다. 이러한 전개 방식에 감탄하면서도 나는 이 방식을 따를 수 없다. 왜냐하면 구약 연구자로서 나는 구약이 얼마나 정돈되어 있지 않은지, 성경 이야기들의 '플롯'이 얼마나 자주 그럴듯한 패턴을 이루지 못하는지, 구약의 내러티브들이 대개 얼마나 구체적이며 일반화할 수 없는 것인지를 끊임없이 인식하기 때문이다. 그럼에도 구약 내러티브가 윤리학에 도움이 되며, 바로 그 특수성 때문에 아마 더욱 그러할 것이라고 말하고 싶다. 이러한 입장을 따라 논의를 진전시킬 수 있을까?

1장에서 내러티브와 윤리 탐구를 연결시키고자 했던 마사 누스바움을 간략히 소개했는데, 하우어워스보다는 이 두 번째 인물이 내 관심사에 더 잘 들어맞는다. 누스바움이 저서 『선의 취약성』과 『사랑의 지식』에서 공공연하게 드러내는 윤리에 대한 접근법은, 윤리적 보편자(ethical universals)에 관심을 쏟는 플라톤적 도덕 철학 전통보다는 개별자, 곧 특수한 것들을 강조하는 아리스토텔레스적 전통에 더 의존한다. 아리스토텔레스에게 윤리적 지식은 '확실한' 또는 소위 과학적 지식인 '에피스테메'(*episteme*)가 아니라 실천적 지식이다. 특수한 경우에 무엇이 옳은 행동 방침인지 평가하는 것은 얼마나 섬세한 원리이든 간에 그저 적용의 문제가 아니다. 거기에 더해 개별 경우의 환원 불가능한 특수성에 주의를 기울여야 한다. 아리스토텔레스는 "행위에 대한 진술 가운데, 보편적인 것은 보다 더 일반적이다. 그러나 특수한 것은 보다 더 참되다. 행동은 특수한 것과 관계있으며 진술은 이런 것과 조화를 이루어야 하기 때문이다"라고 말했다[『니코마코스 윤리학』(*Nicomachean Ethics*, 도서출판 숲), 1107a.29-32]. 누스바움은 이를 다음과 같이 풀어 설명한다.

> 규칙은 정확한 만큼만 권위가 있다. 그런데 그 규칙은 개별자와 관련해 오류가 없는 만큼만 정확하다. 그리고 여러 다른 개별자를 포괄하는 단순한 보편적 공식이 고도의 정확함에 도달하기란 불가능하다.⋯여기서 법은 현명한 결정들의 요약으로 여겨진다. 따라서 현장에서 내려진 새로운 현명한 결정들로 법을 보충하거나, 훌륭한 법관이 해야 할 일을 법이 올바르게 요약해 주지 못할 경우 교정하는 것은 타당하다. 좋은 판단은⋯최상의 구체성과 최상의 반응성 혹은 유연성을 충족시킨다.[2]

특수한 것에 상당한 강조점을 두는 윤리 탐구 방법은 소설적 내러티브, 역사 기술, 드라마 등을 살피는 데 곧잘 적용된다. 존슨

(Johnson) 박사처럼, 누스바움은 전기(biography)가 "우리에게 가까이 다가온 것, 우리가 바꾸어 사용할 수 있는 것"을 제공한다고 믿는다. 온갖 특수성 속에서 살아온 개인 삶의 기록이 일반적인 도덕 법칙은 만들지 못할 수도 있지만 도덕적 삶을 형성할 수는 있다. 누스바움은 이를 염두에 두고 그리스 비극에 대하여 글을 썼다. 그리스 비극에서는 모든 것이 특수하지만, 수 세대에 걸쳐 사람들은 그것이 자신의 삶에 어떤 식으로든 빛을 비춘다고 느꼈다. 역설적이게도 훨씬 일반적인—그래서 더 보편적으로 적용 가능하다고 여겨지는—윤리학자들과 도덕 철학자들의 가르침보다도 말이다.

누스바움은 어떻게 살아야 하는지에 대해 비극이 우리에게 줄 수 있는 교훈을 세밀히 논의한 몇 가지 사례를 제시하는데, 특히 에우리피데스(Euripides)의 『트로이의 여인들』(*Trojan Women*, 동인)에 나오는 헤쿠바(Hecuba)라는 인물을 길게 다룬다. 내게 특히 흥미로운 것은 누스바움이 플롯에는 덜 집중하고 인물 묘사에는 더 집중한다는 사실이다. 비록 인물들이 플롯 바깥에는 존재하지 않으며, 인물 개인의 특징이 그들의 정체와 성격뿐 아니라 그들에게 벌어진 일의 산물이라는 것을 분명히 하면서도 말이다. 또한 그녀는 윤리적 성품이란 칸트의 모델처럼 단지 개인 의지의 산물일 뿐 아니라 우발과 우연, 행운과 불운의 산물이라는 사실을 강조하고 싶어 한다. 누스바움의 책 부제는 '그리스 비극과 철학에서의 운과 윤리'로, 운 또는 우연이라는 주제, 말하자면 운명의 여신 티케(*tyche*)와 그리 동떨어져 있지 않다. 그러나 하우어워스가 사용하는 의미에서 플롯의 형태는 누스바움의 주요 관심사가 아니다.³ 누스바움이 중요시하는 것은 등장인물과 사건의 상호 작용이다. 비극의 주인공은 자신의 실수, 다른 사람의 악의, 우연이라는 비인격적 힘이 뒤섞인 조합 때문에 몰락한다. 이 동일한 세 요소가 항상 작용하는 세상에서 마땅히 어떻게 살아야 할지를 찾으려 할 때, 해설자들은 이러한 모든 요소를 분석하여 비극이 우리에게 유익이 되는 방식을 또렷하게 설명할 수 있다.

누스바움의 섬세한 논의를 제대로 담기에 불충분한 개요이긴 하지만 우선은 이것을 가지고 논의하려 한다. 이 개요가 성경 내러티브들에 대한 유사한 분석이 열매를 맺을지 여부에 질문을 제기할 만큼 충분하기를 바란다. 성경 내러티브가 성스러운 경전이기 때문이 아니라, 그중 어떤 내러티브는 그리스 비극처럼 적어도 다른 사람들, 우연, 운, 운명, 신적 간섭 혹은 섭리를 인지하는 경험과 상호 작용하는 가운데 포획된, 잘못을 저지르기 쉬운 인물들에 대한 심오한 설명이기 때문이다. 그리고 다윗의 이야기만큼 이것이 분명하게 나타나는 곳은 없다.

다윗의 인물됨의 윤곽은 이야기 맨 처음부터 그려져 있는데, 이어지는 이야기를 볼 때 특별히 극적 아이러니를 품고 있다.

그해가 돌아와 왕들이 출전할 때가 되매 다윗이 요압과 그에게 있는 그의 부하들과 온 이스라엘 군대를 보내니, 그들이 암몬 자손을 멸하고 랍바를 에워쌌고 다윗은 예루살렘에 그대로 있더라. 저녁때에 다윗이 그의 침상에서 일어나 왕궁 옥상에서 거닐다가 그곳에서 보니, 한 여인이 목

욕을 하는데 심히 아름다워 보이는지라. (삼하 11:1-2)

이 시작 구절이 본질적으로 이야기의 전부다. "왕들이 출전할 때"라는 봄을 표현하는 이 진부하고 상투적인 구절은, 다윗이 직접 출전하기는커녕 예루살렘에 머물면서 오후 낮잠을 즐기고 베드로전서 5:8의 "삼킬 자를 찾는" 마귀(devil)처럼 옥상을 거닐면서 요압을 보냈다는 소식으로 이어지며 더없이 정확한 인상을 주는 참신한 활력을 얻는다. 다윗을 비난하는 말은 전혀 없지만, 이 구절 뒤에는 굳이 그런 것이 있을 필요가 없다. 또한 다윗이 밧세바와 벌인 불륜의 성격에 대해, 가령 밧세바가 내켜 했는지 내키지 않아 했는지, 아니면 어쨌거나 아무런 차이가 없었을지에 대해서도 서술되어 있지 않다. 사실 내레이터는 벌어진 일이 강간이라고 묘사하지 않는다. 그러나 다윗과 밧세바 사이의 지위 차이는 밧세바의 동의가 중요한 문제가 아니었음을 암시한다. 밧세바는 일관되게 사무엘하와 열왕기상에서도 항상 다른 사람의 명령을 따라 행동할 뿐 자기 개성이 없는 인물로 그려진다. 그녀가 다윗의 다른 아내의 아들인 아도니야를 위해 솔로몬 사이에 끼어든 일은 아도니야의 왕위는커녕 목숨까지 잃게 만드는 재앙을 초래했다(왕상 2:13-25).

참으로 이 이야기의 모든 인물은 자신이 선택하든 아니든 점차 어느 정도 다윗을 묵인하는 지경에 이른다. 어쩌면 밧세바의 남편인 전적으로 무고한 우리아조차도 그렇다. 다윗은 명백한 이유 없이 그를 암몬과의 전투에서 불러들인다. 물론 실제로 다윗에게는 밧세바와 잠자리를 하도록 그를 설득해서, 우리아가 그 아이를 자기 아이로 여기게 하려는 이유가 있었지만 말이다. 그러나 우리아는 시키는 대로 하기를 거부한다. 그가 상황을 알았는지는 전혀 알려져 있지 않지만, 그가 필시 알았으리라고 짐작하도록 의도된 것 같긴 하다. "우리아가 다윗에게 아뢰되, '언약궤와 이스라엘과 유다가 야영 중에 있고 내 주 요압과 내 왕의 부하들이 바깥 들에 진 치고 있거늘, 내가 어찌 내 집으로 가서 먹고 마시고 **내 처와 같이 자리이까**? 내가 이 일을 행하지 아니하기로 왕의 살아 계심과 왕의 혼의 살아 계심을 두고 맹세하나이다'"(삼하 11:11). 여기서 우리는 '그가 눈치챘군'이라고 생각하게 된다. 아마 다윗도 그렇게 생각했을 것이다.[4] 그러나 우리아가 다윗과 공모하기를 덕스럽게 거절한 일은 그 자신이 암몬 사람의 손에 죽게 만들 명령을 전달하도록 요구받는 일을 통해 우리아 자신의 죽음으로 끝난다. 비극적인 플롯 진전을 돕는 과정에서 우리아의 이러한 덕은 다윗의 악만큼 강력한 도구다. 밧세바에게서 태어난, 우리아만큼이나 무고한 아기는 이제 다윗의 아이로 알려지며, 곧이어 다윗이 지은 죄의 필연적 결과의 일부가 되어 죽는다. 다윗의 간음으로 인해, 무고한 자와 죄 범한 자를 구별하지 않고 쓸어버리는 일련의 사건들이 시작된다.

 이 죽음에 대한 서곡이 앞에서 개괄한 나단의 비유다. 그리고 이곳이 이 이야기에서 유일하게 신적 개입이 있는 부분이다. 당시 문화에서 병으로 인한 죽음은 하나님 또는 신들의 직접적 행동으로 여겨졌다. 벌어진 일에 대해 가장 비난받을 이유가 없는 사람이 고통을 겪기 때문에 우리에게도 가장 지켜보기 힘든 광경이기도 하다. 그런데 이 아기의 죽음이 하나님이 다윗에게 내리신 징벌로 제시된다. 우리는 다윗이 이제 용서받을 것이라고 나단이 확언했기 때문에 모든 일이 잘될 것이라고 기대한다. 말하자면 아기의 죽음이 다윗의 죄를 씻는 필수적인 속죄를 마련한다고 본다. 하지만 저자는 그렇게 단순하지 않다. 하나님은 나단의 말을 통해 우리에게 직접 이야기하시지 않는다. 하나님은 이야기 속에 등장하는 한 인물이고, 그분이 말씀하시는 것이 반드시 모든 사실을 다 담고 있을 필요는 없다. 이어지는 사건에서 우리는 다윗의 죄가 소멸된 것과는 매우 거리가 먼 상황, 다윗에게 직접적 책임은 없지만 그의 행동에 영향을 받았다고 볼 수밖에 없는 상황을 보게 된다. 다윗의 아들 암논이 자기 누이 다말을 강간한다. 물론 다윗은 이 사건을 야기하는 어떤 일도 하지 않았다. 그러나 다윗 가문 아닌 어느 가문에서 이런 일들이 생길 법한가? 다른 아들 압살롬이 그 강간에 대해 복수하여, 암논을 죽이고 그 사회에서 미혼의 강간 피해자에게 줄 수 있는 유일한 보상을 다말에게 제공한다. 즉, 자신의 집에서 영예도 없고 미래도 없이 영속적으로 머물 장소를 준다. 그러나 그러고 나서 압살롬은 다윗에게 등을 돌리고 반역한 후, 뒤이어 벌어진 전투에서 차례가 되어 죽는다. "나라가 솔로몬의 손에 견고하여지니라"(왕상 2:46)라고 서술될 무렵, 무대에는 시체들이 널브러져 있다. 그 모두는 틀림없이 다윗의 책임이며, 아마 그리스 비극에 나오는 신들처럼 다윗의 죄책을 끝내지 않으실 하나님의 책임이라고도 할 수 있다. 다른 측면에서 보면,

많은 일들이 잘못된 시기에 잘못된 장소에 있었던 불운의 결과이기도 했다. 그 이야기는 간음을 저지르지 말라고 충분히 명백하게 경고할 수는 있지만, 그렇다면 무엇을 해야 할지를 말해 주지는 않는다. 그 이야기는 오히려 죄, 무고한 고통, 불운이 재앙과 절망이라는 칵테일을 만들어 내는 세상 속에서 산다는 것이 무슨 의미인지 의문을 제기한다. 내레이터는 윤리 법칙을 제시하는 대신, 악과 불운이 존재하는 세상에서 사는 삶을 공평무사하게 관찰하여 서술한다. 그래서 아리스토텔레스적 특질인 공포와 연민을 품고 그 서술을 숙고하도록 우리를 초대한다.

마사 누스바움의 내러티브 접근법과 관련해 꼭 강조해야 할 매우 중요한 논점이 하나 있는데, 바로 그 접근법이 반(反)상대주의적이라는 사실이다. 모두가 공통의 인간성을 공유할 때라야 우리는 그리스 비극의 영웅들, 성경 이야기의 인물들, 또는 현대 소설의 인물들에게 배울 수 있다. [누스바움은 『사랑의 지식』에서 찰스 디킨스(Charles Dickens)와 헨리 제임스(Henry James)를 연구한다.] 예를 들면, 어떤 의미에서 다윗은 자신의 세계뿐 아니라 우리의 세계에도 속한다. 오늘날 인문학 여러 분야에서는 전반적으로 상대주의를 강하게 지지하는 분위기다. 여기서는 과거의 사람들이 우리가 사는 곳과 동일한 세상에 존재하지 않는다고 여겨지므로, 만약 우리가 오래된 텍스트를 사용하기로 한다면 매우 의도적으로 우리 자신의 의제를 가지고 읽는 방식이어야 한다. 오래된 텍스트의 의제에 우리를 맞추려 해서는 안 될 뿐 아니라 이는 본질적으로 불가능하다고 본다. 누스바움은 이를 거슬러 더 오래된 종류의 자유주의를 제시한다. 여기서는 과거 사람들이 우리와 소통할 수 있으며 마치 바로 동시대 사람들처럼 우리와 같은 필요나 감정, 약점을 공유한다고 인식될 수 있다. 내 생각에, 이런 일반적 관점이 수용되지 않는다면 성경 텍스트에 대한 연구가 그리 오래 살아남을 것 같지 않다. 왜냐하면 성경 텍스트는 먼저 우리 자신의 그림을 그 위에 그리는 빈 화폭이 되고, 나중에는 전혀 신경 쓸 가치도 없는 별 재미없는 고대 문서의 파편이 되고 말 것이기 때문이다. 그러나 누스바움의 모델은 과거의 기록을 원래 맥락 속에서 읽을 때에도 이를 우리의 진정한 대화 상대이자 지혜와 통찰의 보고로 여긴다. 비록 여러 이질적인 측면이 있지만, 그 기록은 우리와 같은 인간이었고 우리도 공유하는 인간 조건에 대처해야 했던 사람들에게서 온 것이다.

실제로 누스바움은, 우리가 이야기에 등장하는 사람들의 분투와 딜레마에서 배울 수 있는 이유는 그들이 실재적(real)이기 때문이 아니라 우리 자신이 소설적(fictional)이기 때문이라는 놀라운 주장을 펼친다.[5] 즉, 우리가 다른 사람과 맺는 모든 관계가 소설 문학의 등장인물과 맺는 관계와 어딘가 비슷한 방식으로 이루어진다는 의미다. 우리는 다른 사람에게 플롯이라 불릴 만한 뭔가가 있는 삶의 역사, 즉 우리가 관계를 맺을 만한 형태나 모양의 개성이 있어서 어떤 식으로든 이해할 수 있을 경우에만 그들과 더 가까워질 수 있다. 그 때문에 우리는 누군가를 처음 만나면 직간접적으로 그들이 누구이며 어디 출신인지 짧게나마 물어본다. 만일 그들에게 끌린다면 삶의 이력 전체에 더 강한 관심이 생길 것이다. 소설 인물을 그려 내는 것은 이러한 과정의 모방이다. 그러나 이 논점은 반대로 생각하기도 쉬워서, 다른 실제 인물을 알아 가는 과정이 소설 인물을 그리는 것과 제법 비슷하다고도 말할 수 있다. 이렇게 할 능력이 없는 것은 일종의 정신적 장애 양상으로, 이런 환자에게는 다른 사람들이 일관된 의미를 만들지 못하는, 서로 연관 없는 감정과 충동들의 무작위적 집합으로 여겨진다. 누스바움이 의도한 의미에서 타자를 소설화하는 것은 그들이 진짜로 어떤 사람인지 알아 가는, 즉 그들을 이해할 수 있게 하는 프로필을 구성하는 실제 부분이다.

역으로 보면, 우리는 소설을 읽을 때(잘 쓴 소설이라면) 같은 의미에서 그 등장인물들이 실재적임을 발견한다. 그 인물들은 협력하여 결국 일종의 전체를 보여 준다. 거듭 말하지만 이는 상당히 반상대주의적인 논점이다. 이러한 사유의 노선은, 실제 사람이든 소설의 그럴싸한 인물이든 간에, 모든 사람이 인간의 본성이라 부를 만한 일정한 공통 측면을 공유하며 유사한 필요와 욕망과 잠재력이 있다고 믿을 때에만 가능하다. 이런 생각을 버리면 우리는 소설이나 주변의 인간 세상을 제대로 '읽을' 수 없다. 그 결과는 일종의 유아론(solipsism, 唯我論)으로, 인간관계에서는 모든 사람을 전혀 파악할 수 없는 불투명한 존재로 여기게 되고, 문학 작품을 읽을 때는 본문 이면의 의도를 파악할 수 있다는 생각을 버린 채 작품을 우리 자신의 세계를 구성하는 실험을 위한 원재료로 사용할 수밖에 없다고 믿게 된다. 물론 사람들이 서로 이해하는 데 형편없이 실패할 때도 있고, 어떤 관계든 타인을 잘못 이해했음이 전면적으로 드러날 오싹한 가능성도 항상 도사리고 있다. "당신은 나를 진짜 알았던 적이 한 번도 없어!"라는 말은 누가 들어도 아주 고통스럽다. 그러나 이해가 무너졌음을 정확하게 인식할 수 있는 이유는 다름 아니라 이해가 무너지지 않은 경험이 있기 때문이다. 이는 실제 삶에서도, 이야기를 읽을 때도 모두 사실이다.

따라서 이야기는 실제 인간들이 어떻게 다양한 위기와 고난을 이겨 내고 살아가면서 인간다움을 유지할 수 있는지, 즉 인류의 일원으로서 그들이 우리 자신과 알아볼 수 있을 정도로 이어져 있을 수 있는지에 대한 비전을 제공함으로 우리의 도덕적 삶을 지탱할 수 있다. 문화 간의 어마어마한 차이에도 불구하고, 모든 사람은 인간으로서 어떤 필요가 있다. 모든 사람이 확실하게 공유하는 생물학적 필요 외에도, 프로이트가 이름 붙인 일과 사랑을 거론할 수 있다. 다양한 사회 속에서 그러한 행위와 상태가 얼마나 다르게 개념화되든지 간에, 문화적 간극을 넘어 의사소통을 가능케 하고 가치 있게 만드는 경험은 모두가 충분히 공유하고 있다. 소설 인물에 대한 우리의 경험 역시 동일한 상황에 해당한다. 그러나 이 가능성은 공통 기반이 정말로 공통이어야만, 그리고 그리스 비극의 영웅들이나 히브리어 성경 내러티브 책의 다소 영웅적이지 않은 인물들이 단지 전형적인 고대 그리스인 또는 고대 이스라엘 사람일 뿐 아니라 어떤 식으로든 전형적 인간이기도 해야만 존재할 수 있다. 누스바움은 이를 역설하는데, 참으로 그녀의 주장이 성립하려면 그렇게 해야만 하고 나

또한 이 점을 주장하고 싶다.

지금까지 이야기가 이른바 '도덕적 삶'을 형성하는 방식에 대해 말해 왔다. 그러나 표현을 좀더 명확하게 정의할 필요가 있다. 내러티브 텍스트에서 도덕적 **의무**를 쉽사리 도출할 수 없다는 점은 아주 분명하다. 다윗 이야기는 간음을 피해야 한다거나 강간과 살인이 금지되어 있다는 사실을 새로운 것처럼 말하지 않는다. 그 이야기에서는 이 주제에 대한 도덕적 인식을 이미 주어진 것으로 여긴다. 구약성경의 도덕적 금지 명령은 율법이나 지혜 문학에서 얼마든지 찾을 수 있다. 간음, 강간, 살인이 잘못임을 모르는 사람이 다윗 이야기를 읽고 나면 그 일이 잘못이라는 분명한 인상을 받게 될 것임은 사실이나, 그러한 정보를 전하기 위해 다윗 이야기를 맨 먼저 택할 사람은 없을 것이다.

그러나 도덕적 진리에 대해 윤리적 금지 명령이 할 수 없는 것을 내러티브는 할 수 있는데, 바로 그 진리에 실존적 힘이라 불릴 만한 것을 부여하는 일이다. 다윗 이야기의 핵심에는 이 작동 방식을 보여 주는 축소 모형이 담겨 있어서, 이야기 전체가 독자 또는 청자인 우리에게 그런 영향을 준다는 사실을 주목하게 한다. 다윗을 찾아갔을 때, 나단은 다윗에게 판결을 요청하는 어떤 도덕적 문제를 신중하게 고안해 냈다. 다윗 자신의 행위와는 아무 관련도 없어 보이는, 가난한 사람의 유일한 양을 훔친 부자의 이야기였다. 나단은 그 이야기가 실제로는 **다윗 자신이** 다른 사람의 아내를 도둑질한 것을 뜻하는 비유임을 폭로하기에 앞서 다윗이 스스로 의로운 분노라는 적절한 상태에 이르기를 기다린다. [참고로 이런 식(누가 누구의 아내를 도둑질했다는 식 – 옮긴이)으로 말하는 것이 거슬릴 수 있음을 안다. 우리가 보기에는 다윗이 저지른 일이 무엇보다 자신의 높은 지위를 이용해 밧세바를 범한 것임을 알지만, 히브리인 저자가 보기에는 다윗의 범죄 중 가장 극악무도한 부분이 우리아에게 저지른 일이었음은 의심의 여지가 없다. 나단의 비유는 이 토대 위에서 사실과 진정으로 대응한다.] "당신이 그 사람이라"라는 말과 더불어 나단이 한 이야기는 청자인 다윗을 완전히 정면으로 가격하며 이야기의 틀을 깨고 나온다.

내가 보기에 이 효과는 그 자체로 다윗 이야기 전체가 **우리에게** 작동하도록 의도된 방식에 대한 비유다. 우리는 폭력, 성적 착취, 배반, 복수의 이야기를 읽으면 흥미를 느끼고 심지어 재미있어 한다. 왜인지는 몰라도 다른 사람들의 분노와 욕정에 관한 이야기만큼 마음을 편안하게 하는 이야기는 없기 때문이다. 추리 소설이 인기 있는 이유이기도 할 것이다. 우리 대부분은 사무엘하에 묘사된 것 같은 죄와 범죄를 거의 저지르지 않으므로, 그 이야기는 우리와 멀리 떨어져 있고 거기서 중시되는 것은 명백히 다른 사람들의 악행이다. 그러나 이야기 속 인물들이 죄짓고 고통받는 정도가 우리와 다름에도 불구하고 그들의 본질적 인간성 및 우리와 근본적으로 닮아 있는 모습을 인식하게 될 때, 이야기는 그 자체의 틀을 깨고 우리 자신의 부패한 본성의 더 어두운 영역을 조명하기 시작한다.

우리가 이 어둠의 나락에 떨어지는 일 전체가 어떻게 시작되었는지, 이렇게 끔찍한 일련의 사건들이 대체 어떻게 시작될 수 있었는지

궁금해하며, 뒤늦은 깨달음으로 이야기의 처음으로 되돌아가 거의 무심하기까지 한 시작을 다시 읽을 때 이 사실이 가장 분명해진다.

그해가 돌아와 왕들이 출전할 때가 되매 다윗이 요압과 그에게 있는 그의 부하들과 온 이스라엘 군대를 보내니, 그들이 암몬 자손을 멸하고 랍바를 에워쌌고 다윗은 예루살렘에 그대로 있더라. 저녁때에 다윗이 그의 침상에서 일어나 왕궁 옥상에서 거닐다가 그곳에서 보니, 한 여인이 목욕을 하는데 심히 아름다워 보이는지라.

그리스 비극에서처럼, 이후에는 멈출 수 없는 사건의 발단이 되는 최초의 잘못이나 결함은 단순한 것이고 심지어 전혀 죄가 아닐 수도 있다. 앞에서 주장한 것처럼, 내레이터는 다른 왕들이 전쟁에 나가는 때에 다윗이 예루살렘에 머물렀다는 말을 통해 다윗을 마음껏 비판하고 있는지도 모른다. 그러나 우리는 이를 확실히 알 수 없고, 이야기가 시작될 때는 중요해 보이지도 않는다. 그리고 사실 다윗이 오후에 자기 집 옥상을 거닐지 말아야 할 이유도 없고, 만일 누군가 목욕하는 장면을 우연히 보게 되었다면 그 사람이 매우 아름다움을 의식하지 말아야 할 이유도 없다. 그러나 다윗이 걸려든 순간 일종의 연쇄 효과가 작동하기 시작한다. 잇달아 죄와 범죄가 반복되고, 곧 모든 사람이 내리막으로 돌진하는 눈덩이 속에 파묻혀 버린다. 그리고 바로 이런 점을 히브리 내러티브에서는 경제적이고 간결한, 거의 설명이 없는 방식을 사용하여 그리스 비극이 다른 방식으로 드러내는 것만큼 매우 잘 드러낸다. 아마도 이 이야기는 독자들에게 사람들이 거의 범하지 않는 강간과 살인을 하지 말라는 경고가 아니라, 자신의 행동이 예기치 못하고 의도하지 않은 결과들을 가져올 수 있다는 위험을 경계하고 주의를 기울이라는 경고다. 이것이 내가 히브리어 성경의 이야기들이 꼭 의무나 덕을 가르치기보다는 우리의 실존을 사로잡고 도덕적 삶을 깊이 있게 계발한다고 말했던 이유다. 만일 우리가 실제로 죄를 짓지 않기 위해서 무엇을 해야 하고 무엇을 피해야 하는지가 아니라 마땅히 살아야 하는 대로 살아갈 수 있는 도덕적 세상을 어떻게 세울 것인지 알기 원한다면, 이런 이야기는 사람들이 자신의 행동이 도덕적으로 중립이라고 생각하거나 그들의 모든 행위가 언제나 빠져나갈 수 없이 얽혀 있는 원인과 결과라는 거미줄의 일부임을 잊어버릴 때 무릅쓰게 될 위험을 알려 주는 가장 강력한 수단이다.

다윗의 경우처럼, 우리는 잘못된 결정을 내리는 문제에 쉬운 해결책이 없음을 안다. 나단의 입을 통해 다윗의 죄를 분명히 용서하셨듯이, 하나님은 죄를 용서하실 수 있다. 그러나 죄의 결과는 그 이후로도 오랫동안 지속되며, 사실상 다윗과 밧세바 사이에 태어난 아이의 죽음도 문제를 무마하지 못한다. 다윗의 죄는 마치 아이스킬로스(Aeschylos)의 『오레스테이아』(Oresteia)에 나오는 죄처럼 시끄러운 소리를 내며 계속 이어지지만, 오레스테이아의 저주와 달리 다윗의 죄는 실제로 신적 개입에 의해 결코 제거되지 않는다. 이 이야기는 밧세바의 두 번째 아이인 솔로몬의 수중에서 왕국이 확립되며 끝나는 듯하다. 그러나 다윗은 임종하면서도 솔로몬에게 자기가 생전에 용서했던 대적들에게 복수하라고 말하며 추가로 살인의 씨앗을 심는다. 솔로몬이 왕으로서 가장 먼저 한 행동들 가운데 이 복수가 있다(왕상 2장). 이 이야기에는 도덕적 심각성이 끊이지 않는다. 어느 뜨거운 오후 무심코 저질렀을 행위가 거의 무한한 결과를 가져온다. 매우 특수한 이런 사건에서는 결코 도덕적 일반론을 추출할 수 없다. 그러나 그 사건들은 진실하게 살라는 강력한 권고이며, 살아가는 일이 쉽지 않음을 분명하게 보여 준다.

이런 논의가 구약성경에 담긴 윤리를 다루는 책에 어떻게 어울리는가? 만일 그러한 책이 구약이 옳거나 그르다고 여기는 것에 대한 진술이라면, 명백히 그르다고 판단되는 범죄들의 목록을 열거하고 전달하는 것 외에 더 이상 다윗 이야기로 할 수 있는 일은 없다. 그러나 그리스 비극과 현대 소설에 관한 마사 누스바움의 이해와 통찰에 힘입어 말하자면, 레위기의 율법들은 길게 다루면서 다윗 이야기는 고작 한쪽에 밀어 넣고 마는 구약 윤리 책이라면 필연적으로 결함이 있을 수밖에 없다고 확신한다. 왜냐하면 그런 책은 히브리 문학이 지닌 특유의 비범한 특징을 정당하게 다루지 않으면서, 현대 또는 고전 윤리 이론이 서식하는 상당히 다른 윤리적 세계에서 도출된 기준을 히브리 문학에 적용하기 때문이다. 만일 다윗 이야기 같은 이야기들을 윤리적 자료로 진지하게 받아들이려면, 도덕적 삶이란 내레이터가 인간 본질을 포착하는 방식에 대한 성찰을 통해 배양된다고 이해해야 할 것이다. 즉, 내레이터는 우리로 하여금 이야기에 나오는 사람들의 삶 속에 들어가서 우리 또한 인간이기 때문에 그들과 공유하는 것을 이해하도록 이끌며 이야기를 말해 주는 방식으로 인간의 본질을 포착한다. 그런 이야기 속에서는 일반적인 도덕 원리들이 작동하도록 되어 있으며, 그런 원리들이 추출되고 논의될 수는 있다. 그러나 그 이야기들의 윤리적 관심은 거기 있지 않다. 도덕 원리들과 이야기 주인공들의 결함 있는 성품 사이의 상호 작용은 복잡한 행동을 초래하고, 우리는 그 행동 속에서 우리 자신의 도덕적 딜레마와 의무를 인식할 수 있다. 이야기들의 윤리적 관심은 바로 그 상호 작용에 있다.

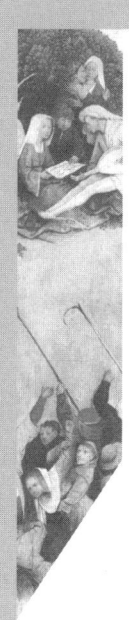

3

세 가지
윤리적 문제

지금까지 구약성경에서 찾아낼 수 있는 윤리 사상이 얼마나 복잡한지 보여 주면서도, 동시에 구약의 도덕적 비전이 어느 정도 통일성이 있음을 나타내려 했다. 구약의 가장 놀라운 특징 중 하나는, 이 윤리적 비전을 율법과 규율과 규칙뿐 아니라―어쩌면 주로―내러티브 또는 이야기를 통해서 표현하는 방식이다. 구약성경이 윤리학 분야에서 말해야 하는 많은 것의 난해함은, 구약이 인간 삶의 복잡함과 어수선함을 고려하며, 서로 간의 상호 작용을 통해 윤리적 의사 결정은 물론 윤리적 실패가 실제로 이루어지는 것을 볼 수 있는 입체적 인물들을 우리에게 제시한다는 사실과 결부되어 있다.

이 장에서는 다소 일반적인 이런 논점에서 관심을 돌려 몇 가지 특정한 윤리적 쟁점에 초점을 맞추려 한다. 그러나 이미 확립한 전제, 특히 율법뿐 아니라 내러티브를 살필 필요가 있음을 항상 염두에 둘 것이다. 나는 현대적으로 상당히 적실하면서도, 통념과는 달리 구약성경이 논의에 기여할 바가 많다고 여겨지는 세 가지 쟁점을 선택했다. 각 경우마다 1장의 논의로 돌아가서, 구약 증언의 다양성뿐 아니라 가능한 한 통일성도 살피면서 시작할 것이다. 그리고 나서는 몇몇 내러티브 텍스트를 살피고, 윤리학과 이야기라는 주제가 논의하는 문제와 어떤 관계가 있는지를 질문하려 한다.

생태학

아마도 '녹색' 운동에 적극적인 사람들은 대개 유대-기독교적 전통, 특히 구약성경을 세계의 많은 생태학적 문제의 원천으로 여긴다. 그들은 특별히 창세기가 자연 세계에 대한 인간의 지배를 공인하고, 인류로 하여금 그 자원들을 이기적인 목적으로 착취하도록 부추겼다고 지적한다. 창세기 1:28에서는 이렇게 말한다. "하나님이 그들에게 복을 주시며 하나님이 그들에게 이르시되, '생육하고 번성하여 땅에 충만하라. 땅을 정복하라. 바다의 물고기와 하늘의 새와 땅에 움직이는 모든 생물을 다스리라' 하시니라." 더 심각한 것은 잠시 후 홍수 이후에 나오는 이런 구절이다. "하나님이 노아와 그 아들들에게 복을 주시며 그들에게 이르시되, '생육하고 번성하여 땅에 충만하라. 땅의 모든 짐승과 공중의 모든 새와 땅에 기는 모든 것과 바다의 모든 물고기가 너희를 두려워하며 너희를 무서워하리니 이것들은 너희의 손에 붙였음이니라. 모든 산 동물은 너희의 먹을 것이 될지라. 채소같이 내가 이것을 다 너희에게 주노라'"(창 9:1-3). 마치 인간이 천연자원과 동물 자원을 착취하는 것을 정당화하고, 생태학자들이 장려하고 싶어 하는 자연 세계에 대한 존중감을 배제하면서 인간 존재를 창조 세계의 지배자로 높이는 것처럼 보인다.

이러한 노선을 따르는 유대교와 기독교 비판에 대한 응답으로, 다른 방향을 지향하는 다른 텍스트를 가리키는 것은 전적으로 타당하다. 예를 들어, 시편 8편은 창세기의 언어를 선택하여 인간 발아래 놓인 모든 만물에 관해 이야기한다. 하지만 분명히, 그저 인간에 불과한 존재가 하나님이 만드신 세상을 다스리는 왕 같은 지위를 받을 정도로 가치 있게 여겨진다는 경이와 기쁨 속에서 이 사실을 겸손히 숙고한다.

> 주의 손가락으로 만드신 주의 하늘과
> 　주께서 베풀어 두신 달과 별들을 내가 보오니
> 사람이 무엇이기에 주께서 그를 생각하시며,
> 　인자가 무엇이기에 주께서 그를 돌보시나이까?
> 그를 하나님보다 조금 못하게 하시고
> 　영화와 존귀로 관을 씌우셨나이다.
> 주의 손으로 만드신 것을 다스리게 하시고
> 　만물을 그의 발아래 두셨으니. (시 8:3-6)

이 텍스트는 그리스도인들이 히브리어 성경에 나타나는 자연 세계와 인간 사이의 관계에 대해 말할 때, 압제의 의미를 담은 지배의 관점보다 청지기 정신의 관점에서 말하는 것이 옳음을 암시한다. 어쨌든 우리는 창세기 1장이 끝나자마자 첫 인간이 활동하는 것을 본다. 그는 동물들과 평화롭게 지내고 정원을 돌보며 에덴의 정원사처럼 행동한다. 죄가 이 세상에 들어오고 아담이 에덴에서 추방된 다음에야 땅은 가시와 엉겅퀴를 내며 반항하기 시작하고, 고통이 이 세상에 자리 잡으며, 동물들이 적대적이 되고 위험해진다.

만약 인간을 왕이나 여왕으로 여기는 동시에 창조 세계에 대한 청지기 정신에 입각해 생각한다면, 구약성경에서 선한 왕의 이미지가 고대 세계의 다른 많은 문헌에서 그러하듯 자비로운 이미지임을 상기해 볼 만하다. 선한 왕은 목자처럼 자기 백성을 지키고 돌보며, 착취하거나 잡아먹지 않는다. 따라서 창조 세계가 '인간의 발아래' 놓였다는 표현이 반드시 현대 영어에서처럼 억압적인 의미를 함축할 필요는 없다. 예레미야가 주전 7세기 유다 왕 여호야김에 대해 그의 아버지 요시야와 대조해서 언급한 것을 비교해 볼 수 있다.

불의로 그 집을 세우며 부정하게 그 다락방을 지으며 자기의 이웃을 고용하고 그의 품삯을 주지 아니하는 자에게 화 있을진저! 그가 이르기를, "내가 나를 위하여 큰 집과 넓은 다락방을 지으리라" 하고 자기를 위하여 창문을 만들고 그것에 백향목으로 입히고 붉은 빛으로 칠하도다. 네가 백향목을 많이 사용하여 왕이 될 수 있겠느냐? 네 아버지가 먹거나 마시지 아니하였으며 정의와 공의를 행하지 아니하였느냐? 그때에 그가 형통하였느니라. 그는 가난한 자와 궁핍한 자를 변호하고 형통하였나니 이것이 나를 앎이 아니냐? 여호와의 말씀이니라. 그러나 네 두 눈과 마음은 탐욕과 무죄한 피를 흘림과 압박과 포악을 행하려 할 뿐이니라.
(렘 22:13-17)

선한 왕이 된다는 것이 이런 뜻이라면 인류는 창조 세계 통치자로서 그 세계를 찢어 놓을 권한이 없으며, 다만 돌보고 보살펴야 한다.

또한 창세기에서는 동물과 새를 인간 주인에 대한 '두려움과 공포' 아래 놓는 통치의 부정적 측면이 분명히 죄의 결과로 제시된다는 사실을 지적할 수 있다. 창세기 1장에서는 사람과 동물 모두 채식만 하도록 되어 있다(창 1:29-30). 다만 홍수가 끝나고 나서 세상의 형편이 예전 방식으로 돌아가되, 인간의 죄로 인해 거칠어지고 더럽혀진 때에야 살인에 대한 최초의 법이 제정되며, 그와 동시에 식용으로 동물을 도살하는 것이 허용된다. 폭력은 창조주의 원래 목적의 일부가 아니었다.

이런 식으로 때로 생태학자들이 성경에 반대하는 논거를 줄일 수 있을 것이다. 사람들이 환경을 착취할 권한을 정당화하기 위해 창세기 본문들을 이용해 온 사실을 부인할 수는 없지만, 최소한 이 본문들이 원래 그런 함의를 지니지 않았음을 논증할 수는 있다. 물론, 정직하려면 성경 텍스트 안에 진정 반생태적 사고의 잔재가 있음을 고백할 수밖에 없지만 말이다.

그러나 또 다른 각도에서 이 주제에 접근하는 것이 유익할 수 있다. 기독교적 사고 안에서 환경에 대한 관심과 관련된 진짜 문제는 그리스도인들이 언제나 인간관계의 윤리를 강조해 온 정도의 문제다. 기독교의 도덕은 사람들이 개인 또는 집단으로 상호 작용하는 방식에 대한 책임, 의무, 금지의 문제다. 도덕에 대한 서구적 사고방식 대부분이 그러하듯이 기독교 윤리 안에서 도덕적 명령은 헌신, 책임, 적대감 등의 그물망 안에서 사람들이 서로에게 행동하는 방식에 적용되며, 도덕적 행위의 대상은 바로 동료 도덕 행위자인 사람이다.

나무 막대기나 돌에 대해서는 아무 책임이 없다. 동물은 약간 양면적 지위에 있지만 대체로 도덕적 세계의 일부로 여겨지지 않는다. 중요한 것은 인간이다.

생태학적 사고는 이제 사람에 대한 이 집착을 전복하고자 하며, 물리적 세계에도 우리가 무시하지 말아야 할 '권리'가 있다고 역설한다. 그렇게 하면 분명 전통적 기독교의 가르침에 상당히 어긋난다. 그 사고는 또한 구약의 사상 자체와도 반대되는가? 전통적 기독교의 가르침과 반대되는 정도까지는 아닐 것이다. 다음에 인용한 신명기 본문을 처음 맞닥뜨렸을 때 놀랐던 기억이 난다.

너희가 어떤 성읍을 오랫동안 에워싸고 그 성읍을 쳐서 점령하려 할 때에도 도끼를 둘러 그곳의 나무를 찍어 내지 말라. 이는 너희가 먹을 것이 될 것임이니 찍지 말라. 들의 수목이 사람이냐? 너희가 어찌 그것을 에워싸겠느냐? 다만 과목이 아닌 수목은 찍어 내어 너희와 싸우는 그 성읍을 치는 기구를 만들어 그 성읍을 함락시킬 때까지 쓸지니라.
(신 20:19-20)

같은 단락의 뒷부분에서는 새의 둥지를 존중할 필요에 관한 율법을 만난다.

길을 가다가 나무에나 땅에 있는 새의 보금자리에 새 새끼나 알이 있고 어미 새가 그의 새끼나 알을 품은 것을 보거든 그 어미 새와 새끼를 아울러 취하지 말고 어미는 반드시 놓아줄 것이요, 새끼는 취하여도 되나니 그리하면 네가 복을 누리고 장수하리라. (신 22:6-7)

이 율법들은 인간이 동물과 식물 세계에 책임이 있으며, 그 세계를 대할 때 '불공정'하거나 착취하는 어떤 방식이 있다는 생각을 전제하는 듯하다. "너는 염소 새끼를 그 어미의 젖으로 삶지 말지니라"(출 23:19)라는 유명한 규칙에도 이 같은 종류의 원칙이 숨어 있을 것이다. 이는 고기와 우유를 섞지 않는 유대인의 독특한 관습의 기원이며, 유대인의 여러 조리법과 주방 정돈 방식에서도 결정적 요소다. 아무도 그 말씀이 본래 어떤 의미였는지 잘 모르지만, 새의 둥지에 관한 법과 같은 종류의 원리에 기초하는 듯하다. 즉, 염소 새끼를 요리하려고 그 염소 새끼가 먹고 자랐을 우유를 사용하는 것은 혐오스럽다는 원리다. 이것은 자연을 왜곡하는 일이며, 인간 세계에서 행했다면 누구나 끔찍하게 여길 만한 일을 동물에게 행하는 셈이다.

일단 이 같은 예를 허용하면 레위기와 신명기의 내용에 기초하는 유대 음식법의 전 영역이 갑자기 유의미해 보이기 시작한다. 그리스도인들은 일반적으로 카쉬루트(*kashrut*) 법들, 즉 코셔 체계를 도덕법이라기보다는 전통적으로 '제의법'이라 불리는 것으로 여겨 왔다. 유대인들은 다소 분개하여 이 해석을 일축하면서, 누군가 도덕적인 것과 '단지' 제의 준수의 문제인 것 사이를 명확히 구분하려고 한다면 유대교를 완전히 오해하는 셈이라고 말한다. 유대인답게 제대로 사는 삶은 그 두 가지 모두에 온전히 주의를 기울이며, 사실상 양자 간의 구별을 인정하지 않는다. 유대교 안에서 이런 식으로 설명하지는 않지만, 생태학적 관점은 유대교의 모습이 왜 이럴 수 있는지에 대한 여러 이유 중 하나를 이해하는 데 도움이 될 수 있다. 인간이 동물 또는 음식과 음료의 세계와 어떻게 관계를 맺는지는 도덕적 관점과 무관하지 않으며, 인간과 동식물 모두를 창조하신 분이 그 두 영역 사이에 의도하신 관계를 고려할 필요가 있다. 성경이 이 관계에 대해 말하는 것에서 음식법의 상세한 사항을 도출할 수 없음은 분명하지만, 그 관계가 유대교에서처럼 규례화되어 있다는 사실은 사소하게 무시할 수 있는 것이 아니다. 그와 반대로, 그 관계는 감탄할 정도의 방식으로 자연 세계 안에 있는 인간의 생태학을 진지하게 여긴다.

자연 세계를 존중하는 태도를 반영하는 구약 법의 또 다른 특징은 안식년과 희년 제도다. 이때 땅은 휴경한다(레 25장을 보라). 어떤 관점에서 보면, 고대 이스라엘 사람들이 다른 많은 문화에서 그러했듯이 땅을 쉬게 하는 농사 원칙을 발견했고 이를 신적 명령으로 포장했다고 말할 수 있다. 그러나 그 이상의 무엇인가가 있음이 매우 분명하다. 왜냐하면 휴경하는 해는 일관되게 땅이 가져야 할 **권리**로 해석되기 때문이다. 주전 6세기 바벨론 유수에 관한 레위기의 언급에는, 농업적 의미가 아니라 도덕적 의미에서 "땅이 안식을 누리"기 위해 사람들이 땅에서 추방되었다는 개념이 나타난다(레 26:34-35). 사람들의 죄가 그 땅에 견딜 수 없이 무거운 짐을 지웠고, 땅은 거기서 회복되기 위해 휴경의 시기가 필요했다. 안식년은 매주의 안식일처럼, 땅이 실제로나 상징적으로 인간의 간섭 없이 땅 자체일 수 있는 경작 이전의 상태로 회복됨을 표상한다. 이러한 개념들은 잠재적으로 생태학 논쟁에 유익해 보인다. 어떤 구체적 난제를 해결하거나 현재의 딜레마에 답을 제공하는 것 같지는 않지만, 이 개념들은 성경을 진지하게 고려해야 한다고 주장하는 누구에게든 생태학을 그들의 윤리적 의제로 삼아야 함을 확증하고 있다고 생각한다.

성 윤리

그리스도인들은 아마도 생태학 분야에서는 구약성경을 먼저 살피려 하지 않을 것이다. 반면 성 윤리 분야에서는 성경에 호소하는 경우가 매우 흔하며, 기독교의 도덕규범에 대한 대부분 사람들의 인식에서 구약은 매우 중요하다. 특히 현대의 동성애 논의에서 그 점이 분명한데, 구약에는 동성애를 꽤 명백히 금하는 듯한 구절들이 있다. 결혼과 가족에 관한 문제에서도 구약은 중요한 역할을 한다.

구약성경이 어떻게 성 윤리 분야에서 우리를 실제로 안내할 수 있는지에 대한 더 넓은 질문을 고찰하고자 논의를 확대하기 전에, 오늘날 아주 생생한 쟁점인 동성애에 대한 질문으로 시작하는 것이 적당할 것 같다.

잘 알려져 있듯이, 구약 율법 여러 곳에서는 최소한 몇몇 동성애 행위들을 금지한다. 예를 들어, 레위기 20:13에 "누구든지 여인과 동침하듯 남자와 동침하면 둘 다 가증한 일을 행함인즉 반드시 죽일지니 자기의 피가 자기에게로 돌아가리라"라는 구절이 있으며, 레위기

18:22에는 "너는 여자와 동침함같이 남자와 동침하지 말라. 이는 가증한 일이니라"라는 구절도 있다.

게다가 구약성경에는 이 주제를 다루는 두 개의 내러티브 텍스트가 있는데, 이는 전통적으로 동성애에 대한 큰 적대감을 담고 있다고 간주되어 왔다. 필리스 트리블(Phyllis Trible)이 "공포의 텍스트"(texts of terror)라 부른 것 가운데 두 가지인 창세기 19장과 사사기 19장으로, 외우기 쉽게 숫자가 같은 이 두 텍스트는 서로 어느 정도 관련이 있어 보인다.[1] 두 본문 모두 남자가 아니라 여자에 대한 잔인한 강간 이야기다. 창세기 19장에서는 강간이 예견되었지만 신적 개입 덕분에 방지된다. 사사기 19장에서는 강간이 실제로 일어난 결과 유랑하는 레위인의 첩이었던 피해 여인이 죽는다. 그러나 논점은, 두 경우 모두 여성에 대한 위협이 한 무리의 남자들이 자기들 성읍에 방문한 **남성**들을 범하려 했기 때문에 일어났다는 사실이다. 창세기에서는 롯이 데리고 온 두 천사, 사사기에서는 레위인이었다. "네 집에 들어온 사람을 끌어내라. 우리가 그와 관계하리라"(삿 19:22). 첩의 운명이나 실제 벌어지지는 않았지만 롯의 젊은 딸들이 잠재적으로 당할 뻔한 운명은, 폭행을 당해서는 안 되는 귀한 손님인 남자를 대신하여 말하자면 늑대들에게 던져지는 것이었다. "아니라, 내 형제들아. 청하노니 이 같은 악행을 저지르지 말라. 이 사람이 내 집에 들어왔으니 이런 망령된 일을 행하지 말라. 보라, 여기 내 처녀 딸과 이 사람의 첩이 있은즉 내가 그들을 끌어내리니 너희가 그들을 욕보이든지 너희 눈에 좋은 대로 행하되 오직 이 사람에게는 이런 망령된 일을 행하지 말라"(삿 19:23-24).

이런 끔찍한 이야기를 이해하기가 쉽지 않지만, 이것만큼은 말할 수 있다. 실제적 혹은 잠재적으로 벌어진 이 범죄는 분명히 이성애적 강간이며, 고대 근동의 다른 문헌 대부분에서처럼 모든 이스라엘 법 조항에서도 잘못으로 여긴다. 그러나 그토록 야만스럽고 불의한 방식으로 방지된 범죄는 동성애 행위였기에, 이 이야기들은 레위기에서 발견되는, 동성애를 잘못된 것으로 금지하는 법률 조항을 저자가 알고 인정했다고 가정할 때만 말이 된다. 비록 이사야 1:9-10처럼 소돔을 언급하는 다른 성경 본문에서는 동성애를 언급하지 않지만, 창세기 19장에서 이 잠재적 범죄가 벌어지는 소돔 성의 죄가 전통적으로 동성애적 특성을 지녔다고 본 것은 잘못이 아니다.

그렇지만 심지어 여기에서도 문제는 보기보다 더 복잡하다. 물론 레위기 저자가 소돔 성의 남성들이나 사사기 19장 기브아의 남성들을 승인하지 않는 것은 분명하다. 그러나 저자는 레위인이나 롯이 그들에게 희생자를 제공한 것에도 동일하게 찬성하지 않는다. **이 이야기 안에서 연루된 남성 모두가**, 손님이 폭행을 당하게 되어 환대를 저버리는 일을 아내나 딸들이 강간당하는 것보다 더 나쁜 일로 여겼음은 명백하다. 그리고 이야기 속 인물들이 문제를 이런 식으로 이해했다는 가정하에서만 이 이야기들은 말이 된다. 그러나 **내레이터**가 상황을 그러한 방식으로 이해했는지는 분명하지 않다. 사사기 사건의 경우 아마도 다음과 같은 주제문 아래 놓일 수 있을 것이다. "그때에 이스라엘에 왕이 없으므로 사람이 각기 자기의 소견에 옳은 대로 행하였더라"(삿 21:25). 히브리 내러티브에서 매우 자주 그러하듯, 어떤 도덕적 평가도 없이 우리 스스로 판단해야 한다. 동성애에만 관심을 두면, 여기서 비난하는 것은 분명히 동성애적 강간이지 합의에 의한 관계가 아니다. 내가 보기에, 레위기 구절들의 관점에서 저자가 동성애적 행위를 어떤 상황에서든지 잘못이라 여겼을 가능성이 매우 농후하다. 그러나 폭력적 범죄가 묘사된 이 두 이야기에서 이를 결코 연역적으로 추론할 수는 없다. 종종 그렇듯이, 극단적인 경우를 제외하면 내러티브 텍스트는 명확한 도덕적 지침을 주지 않는다. 물론 무고한 희생자들을 폭력적으로 다루는 일은 전적으로 악하나, 이는 우리도 어떤 식으로든 이미 알고 있는 사실이다. 많은 현대인이 불명확함을 느끼는 영역에서 내러티브는 문제를 실제로 해결해 주지는 않는다. 그 대신 우리로 하여금 인간의 재난을 초래하는 잘못된 동기, 악한 행동, 무지한 양심의 끔찍한 결합을 숙고하도록 초대한다. 그 이야기 속 모든 인물이 행한 거의 모든 일이 비난받도록 의도되어 있지만, 가장 자명한 수준 외에 그 이야기에서 어떤 '도덕'을 읽어 내기란 어렵다.

이 두 "공포의 텍스트"보다 덜 극단적인 경우를 다루는 다른 내러티브들에 대해서도 비슷하게 이야기할 수 있다. 세계 각지 대부분의 문학에서 그러하듯 부부 관계와 혼외 관계는 고대 이스라엘 문학에서도 큰 역할을 하지만, 그 가운데 도덕 규율로 바꿀 만한 것은 많지 않다. 그렇다면 단지 능력껏 일반화시켜야 하는 십계명, 레위기와 신명기의 법들 같은 모세오경의 법과 예언자들의 말 정도만 남는 것인가? 나는 이런 생각은 지나치게 비관적이라고 생각한다. 성 윤리의 영역에는 율법과 예언에서처럼 내러티브에서도 원리를 제공하는 근본적인 가정과 규범의 구조가 있다고 보이며, 이를 살펴봄으로 최소한 구약성경이 성적 행위를 바라보는 현대의 사고에 대해 제기하는 문제점을 정의할 수 있다.

가지고 있는 증거들로 판단하건대, 가족생활 구조는 구약 텍스트가 다루는 천 년 동안 비교적 거의 바뀌지 않았다. 포로기 이전 시기에 적어도 왕과 그 외 상류 계급 사람들에게서 주로 발견되던 일부다처제는 어느 정도 사라진 듯하고, 토비트서 같은 후기 책에서 나타나는 가정의 모습은 확대 가족 형태이긴 하나 일부일처제에 근거한 것이다(그러나 구약성경 어디에서도 일부다처제를 정죄하지는 않는다). 살펴보았듯이 십계명의 청자는 가장인 성인 남성인데, 그의 권위 아래에는 아내(오직 한 명의 아내만 암시되는 듯하다), 자녀들, 자신만의 가정을 더 이상 영위하지는 못하지만 결혼한 아들과 함께 사는 것으로 추정되는 나이 든 부모, 그리고 종과 가축이 있다. 이 모델이 바로 인간의 성적 행위에 관해 구약성경에서 명시적이거나 암시적으로 언급하는 모든 것의 기초다.

성적 비행이란 십계명에 함의된 가족 구조를 침해하는 행위로 정의된다. 간통은 남성과 기혼 여성 간의 성관계로, 다시 말해 비대칭적 정의다. 기혼 남성이 미혼 여성과 성관계하는 것은 간통이 아니다. 만약 그녀가 처녀일 경우, 여러 전통 사회에서 그러하듯 그는 그녀와 결혼해야 하는 법적 의무를 진다. 그러나 만약 그녀가 과부이거나 이혼한 상태라면 그는 어떤 범죄도 저지르지 않은 셈이다. 이와 비슷하게 창녀와의 성관계도 간통이 아니다(그리고 구약성경 어디에도 성매매를 금한 곳이 없다). 집안에서 인정받는 지위가 있는, 반쯤은 아내 같은 노예인 첩을 두어도 간통이 아니다. **다른 남성의 아내와의 성관계가 바로 간통이다**(여기서 소유 개념이 들어온다). 성도덕에 관한 구약 법률에는 항상 이처럼 재산법 같은 느낌이 있다. 이스라엘 남성이 자기가 원하는 누구와도 자유롭게 동침할 수 있었다는 말은 사실이 아니다. 왜냐하면 만약 그들이 이미 결혼한 여자와 동침할 경우, 최소한 율법을 문자 그대로 따르면 두 사람 모두 사형에 처해졌다. 그러나 남성이 여성보다 훨씬 자유로웠다. 여성은 과부이거나 이혼하지 않았다면 남편만이 유일한 성적 선택지였다.

잠언의 첫 아홉 장에서는 간통에 대해 흥미로운 관점을 제공한다. 이스라엘과 다른 고대 근동 국가의 지혜 문학에는 제한적이지만 뚜렷하게 여성 혐오(misogyny) 경향이 있는데, 잠언에도 젊은 남성에게 악한 여자들의 덫을 피하라는 훈계가 있다. 그 악한 여자들은 항상 그를 지켜보며 유혹한다고 암시되어 있다(잠 5장과 7장을 보라). 이들 중 일부는 분명히 이방 여자이지만 — 여성 혐오에 외국인 혐오(xenophobia)가 더해지면 강력한 조합이 된다 — 몇몇은 마치 미혼이지만 성관계가 가능하다는 그런 인상을 주려고 창녀처럼 옷을 입은 이스라엘 기혼 여성임이 분명하다. 그 결과 감수성이 예민한 젊은 남성들이 사형에 해당하는 범죄인 간통을 범하도록 속아 넘어갈 수도 있다. "젊은이가 곧 그를 따랐으니 소가 도수장으로 가는 것 같고

미련한 자가 벌을 받으려고 쇠사슬에 매이러 가는 것과 같도다"(잠 7:22-23). 구약성경에서는 성이 본래 죄된 것이라는 느낌이 전혀 없지만, 위험하다고는 여긴다. 구약의 문화 안에서 이해되는 가족 제도만이 성을 통제한다.

혼외 성적 행위는 이러한 맥락 속에서 이해해야 한다. 간통은 가족과 특히 가족의 머리, 즉 재산의 소유권자인 성인 남성에 가해지는 범죄로 여겨져 금지된다. 간통이 야기하는 정서적 위해 때문에 비난받는 것 같지는 않다. 특히 어떤 의미에서든 피해자인 아내의 감정을 고려하는 곳은 어디에도 없다. 구약 법에서 여성은 분명히 남편의 재산 이상의 존재이지만, 이는 노예도 마찬가지였다. 왜냐하면 노예에게도 결혼하여 (주인에게 종속된) 자기 가족을 꾸릴 권리가 주어지기 때문이다. 그러나 아내가 완전히 독립된 행위자보다 못한 것도 분명하다. 성도덕에 관한 모든 법률과 그것이 언급되는 모든 이야기에서는 이런 기본적 비대칭을 당연하게 여긴다. 내가 보기에, 롯이나 레위인 중 누구에게도 문간에서 소란을 피우는 무리에게 자신의 딸이나 첩을 내줄 권리가 있다고 암시되어 있지는 않다. 그러나 마찬가지로 그 이야기가 '그러나 롯의 딸들이 거부했다'는 식으로 이어질 수 있으리라고는 전혀 상상할 수 없다. 그들은 남편의 권위 아래 놓이기 전에는 아버지의 권위 아래 있다. 이 모든 것은 100년 전 서구 사회에서 아주 익숙했고, 오늘날 세계의 더 많은 지역에서도 여전히 익숙한 모습이다. 쓰인 배경과 완전히 분리되지 않는 한, 구약성경이 다른 전제 조건하에서 작동할 수 있으리라 상상하는 것은 어렵다.

그와 동시에, 여러 시기 이스라엘 사회에서 여성들이 일상에서 활동의 자유를 상당히 누렸음은 명백하다. 구약 이야기 속 강인한 여성 인물들의 수를 보면 예사롭지 않다. 드보라(삿 4-5장), 아비가일(삼상 25장), 이세벨(왕상 19, 21장; 왕하 9장)이나 에스더를 떠올릴 수 있다. 그러나 이들이 지금은 보통 '가부장적'이라 불리는 사회 안에 존재한다는 사실에는 의심할 여지가 없다.

간통은 성매매나 그리스도인들이 전통적으로 음행이라 부르는 것과 달리 사회 안정성을 침해한다고 간주된다. 그러나 동성애 행위를 다룰 때는 구약의 관점에서 좀더 낯선 영역으로 옮겨 가는 듯하다. 동성애 행위를 금하는 율법의 근접 문맥에서는 단지 선한 질서를 깨뜨릴 뿐 아니라 부자연스럽거나 '가증하다'고 여겨지는 행위들의 목록이 제시된다. 이러한 개념은 다음 장에서 다룰 것이다. 동성애 행위는 독자들이 자동적으로 일종의 혐오감을 느끼리라 예상되는 수간과 근친상간, 다른 금기 행위들과 유사한 부류로 분류된다. 아직도 그러하듯이, 분명 많은 사람들은 혐오감을 느꼈다. 그렇다면 구약성경이 비록 동성애 행위가 무엇인지 정의하지는 않더라도, 어느 층위에서는 동성애 행위에 '반대한다'는 사실은 의심할 바 없다. 그러나 구약성경에는 흔히 알아채기 어려운 특징이 한 가지 있는데, 비록 우리가 혐오감을 공유한다 해도 그 특징과 관련해서는 잠시 멈추고 잘 살펴봐야 한다.

창세기 19장과 사사기 19장의 이야기는 성적 욕구가 대체로 대상의 성별에 대해 무차별적이었다고 가정하는 경우에만 말이 된다. 문

앞에서 으르렁거리는 무리들이 남성 손님을 노리는 것을 포기하도록 설득할 목적으로 여성 희생자가 제공되었다. 현대적 용어로는 아마 소돔 또는 기브아 남성들이 양성애자라는 전제가 있다고 말할 수 있겠다. 그러나 이는 꽤 잘못된 인상을 준다. 이야기를 전하는 사람은 단지 그들이 성적 욕망에 사로잡혔다고 보았다. 어떤 성적 대상이든 상관없을 정도로 강렬한 욕망 말이다. 성적 **지향**(sexual orientation)이라는 개념은 전적으로 결여되어 있는 것 같다. 영국 성공회에서 동성애에 대해 생각하는 유행하는 방식 한 가지는, 성적 지향과 성행위를 뚜렷하게 구별하는 것이다. 성적 지향은 윤리적으로 중립적이며, 윤리적 논의가 필요한 것은 오직 동성애 행위라고 말하는 것이다. 내가 이런 구분이 '성경적'이지 않다고 한다면 이는 동성애를 정죄하기 위해서가 아니다. 나는 지금 구약성경 안에 있는 것을 묘사하는 데 관심이 있지, 옹호하는 데 관심이 있지 않다. 내가 이해하는 한, 그런 구별과 관련해 비성경적인 부분은 어쨌든 성경에는 성적 지향이라는 개념이 전적으로 결여되어 있기 때문일 뿐이다. **누구나** 유혹을 받아 간통이나 수간, 혹은 근친상간을 저지를 수 있으며 동성애 행위에도 관여할 수 있다. 성적 욕망은 닥치는 대로 발휘되는 힘으로, 미리 조절된 어떤 형태 안에 억제되지 않는다. 구약의 관점에서는 '동성애적'이거나 '이성애적'인 상태가 없다. 인간은 단지 '성적' 존재이고, 성적 특질(sexuality)로 선택할 수 있는 폭은 넓으며, 그중 많은 것이 금지되어 있다.

앞서 살펴본 많은 쟁점들이 그랬듯이, 이는 구약성경이 우리의 예상보다 훨씬 더 낯설다는 의미다. 이를 받아들이거나 거부하기란 똑같이 어렵다. 왜냐하면 구약성경은 우리의 특정한 문제들을 다루려고 고안된 것처럼 보이지 않기 때문이다. 구약성경은 우리가 묻는 질문과 동일하지 않은 질문들에 대한, 우리 사회가 아닌 다른 사회 안에서 나온 대답이다. 만일 동성애에 대한 구약의 판단을 받아들여야 한다면, 이 판단이 성적 욕구를 주로 적법하게 발산할 수 있는 곳이 확대 가족 내부였으나 전적으로 합법적인 성매매와 첩도 함께 존재했던 사회적 배경 속에서 말이 되었다는 사실을 인식해야만 한다. 성도덕 체계 전체 가운데 한 요소만 취하면 구약성경이 말하는 바를 왜곡할 수 있다. 반면 구약의 도덕 체계 안에는 어느 시대, 어느 장소에서나 명백하게 선한 것, '자연적'이고 '가증하지' 않은 것에 대한 호소에 의지하는 요소가 있을 수 있다. 그리고 몇몇 성행위들이 그런 범주 안에 들어간다고 여길 수 있다. 다음 장에서는 구약의 도덕적 가르침 중 일부가 '자연법'이라 불리는 접근에 토대를 둘 가능성을 살필 것이다. 구약 윤리 연구에서 중요한 질문 한 가지는 구약성경의 저자 자신에게 성도덕의 이런저런 영역들이 어느 범주에 속하냐는 것이다. 윤리학자에게는, 그렇다면 이러한 발견으로 무엇을 할 것인지가 문제다.

소유

구약성경이 소유에 대해 무엇을 말하는지 물으면 현대 그리스도인은 앞서 논의한 **청지기** 개념으로 돌아가는 듯하다. 확실히 교회 청지기 제도에서처럼 돈, 시간, 재능의 사용이라는 주제가 언급될 때, 성경에는 절대적 소유가 없음이 강조되는 경향이 있다. 즉, 우리가 '소유'한다고 하는 것은 하나님이 맡기신 것이며 우리는 청지기이지 진짜 소유자가 아니라는 사실이다. 이는 참으로 재산 소유권에 대한 성경적 사고의 중요한 측면이다. 예를 들어, 신명기는 야웨가 자기 백성에게 땅을 주시더라도 그 땅이 여전히 야웨께 속하였음을 지속적으로 강조한다. 이스라엘은 그 땅에 대한 권리가 없지만 하나님의 허락을 통해 그것을 소유한다(신 26장을 보라). 시편 44:3과 비교해 보라. "그들이 자기 칼로 땅을 얻어 차지함이 아니요, 그들의 팔이 그들을 구원함도 아니라. 오직 주의 오른손과 주의 팔과 주의 얼굴의 빛으로 하셨으니 주께서 그들을 기뻐하신 까닭이니이다." 히브리서에 나오는 것처럼 이스라엘 사람들은 영구히 임시적으로 그 땅에 사는 것으로 여겨진다. 일종의 영구 임대인 셈이며, 결코 절대적 의미에서 그들의 소유가 아니다(참고. 히 11:8-10).

 그러나 구약의 청지기 사상이 사적 소유권에 적용되는 것에는 다소 의구심이 든다. 내가 이해하는 한, 하나님께 땅을 대여받아 보유한 이가 **개인들**이라는 암시는 없다. 가족이 항상 소유해 온 **조상의 땅**이라는 개념이 중심이었다. 이는 여호수아가 정복한 이후 처음 정착했을 때 (다소 전설적인 방식으로) 제비뽑기를 통해 각 가정에 분배되었다고 알려진 땅이며, 양도 불가능한 것으로 여겨졌다. 이 개념을 자세히 설명하는 전형적인 본문은 열왕기상 21장에 있는 나봇의 포도원 이야기다. 주전 9세기에 북이스라엘 왕국을 통치하던 아합 왕은 자기 왕궁 가까이에 있는 나봇이라는 사람의 땅 한 필지를 갖고 싶어 한다. 그러나 나봇은 그 땅을 왕에게 주기를 거부한다. 아합은 그 땅을 얻기 위해 (이세벨의 조언에 따라) 음모를 꾸미며, 나봇이 왕을 비방하고 하나님을 모독했다는 죄목으로 고발당하게 만든다. 이 두 가지는 모두 사형에 해당하는 범죄였다. 그리고 나봇이 처형되자 그 땅은 나봇의 자손이 물려받는 대신 자동적으로 왕의 것이 되었다(이 원칙을 이 본문 외에는 어디서도 찾을 수 없지만, 이렇게 될 때에만 이야기가 말이 된다). 재산법의 관점에서 보았을 때 이 이야기에서 놀랍고 중요한 것은, 아합이 나봇에게 맨 처음 접근할 때 자기가 왕으로서 그 땅에 대해 어떤 권리를 지녔음을 암시하거나 나봇에게서 그 땅을 강제로 뺏겠다고 위협하지 않았다는 사실이다. 아합은 이렇게 말한다. "네 포도원을…내게 주[라.]…내가 그 대신에 그보다 더 아름다운 포도원을 네게 줄 것이요…그 값을 돈으로 네게 주리라"(왕상 21:2). 우리 생각에도 전혀 불합리한 제안이 아니다. 그러나 나봇의 반응은 매우 격렬하다. "내 조상의 유산을 왕에게 주기를 여호와께서 금하실지로다"(왕상 21:3). 땅은 자유롭게 처분할 수 있는 것이 아니며, 따라서 누군가 살 수 있는 것도 아니다. 땅은 과거로부터 전해 내려오는 양도 불가능한 소유물이다.

 땅에 대한 이러한 태도는 많은 전통 사회에서 매우 흔하게 볼 수 있으며 현대 세계에서도 결코 사라지지 않았다. 이 태도는 예언자들이 다른 사람의 땅을 빼앗는 이들에 대해 말한 내용의 상당한 근거가 된다. 예를 들어, 이사야는 이렇게 말했다. "가옥에 가옥을 이으며 전토에 전토를 더하여 빈틈이 없도록 하고 이 땅 가운데에서 홀로 거주하려 하는 자들은 화 있을진저!"(사 5:8) 이는 아마 아합이 하려 했던 바로 그것, 즉 사람들이 더욱더 넓은 땅을 가지려고 다른 사람의 재산을 자기 소유에 더하는 일을 하고 있음을 의미할 것이다. 이사야는 그들이 그 땅을 **훔치고** 있었다고 말하지 않으며 이를 암시하는 것 같지도 않다. 그들이 땅을 어떻게 취득했든지 간에, 거대한 토지를 차지하는 것은 그 자체로 죄였다. 이사야는 지주와 농노 사이의 불평등을 피하고 모든 이가 소규모 농지를 자작하며 살아야 한다고 믿었던 것처럼 보인다. 미가도 거의 마찬가지였다. "밭들을 탐하여 빼앗고 집들을 탐하여 차지하니"(미 2:2). 이런 일에 대한 하나님의 심판은 같은 방식일 것이다. "우리 밭을 나누어 패역자에게 주시는도다." 바로 이사야가 이러한 인위적 거대 부동산이 장차 황폐해지리라 이해한 것처럼 말이다. "정녕히 허다한 가옥이 황폐하리니 크고 아름다울지라도 거주할 자가 없을 것이며"(사 5:9).

안식년과 희년에 대해서는 앞에서 이미 언급했다. 희년은 소유권 보존에 특별히 관심을 둔다. 이때는 땅을 사고팔 수 있게 되었으므로, 아마 희년은 이사야와 미가보다 늦은 시기의 산물일 것이다. 그러나 조상의 소유지를 영구히 양도하는 것은 법으로 금지되었다. 레위기 25:13-16에서는 "이 희년에는 너희가 각기 자기의 소유지로 돌아갈지라. 네 이웃에게 팔든지 네 이웃의 손에서 사거든 너희 각 사람은 그의 형제를 속이지 말라. 그 희년 후의 연수를 따라서 너는 이웃에게서 살 것이요, 그도 소출을 얻을 연수를 따라서 네게 팔 것인즉, 연수가 많으면 너는 그것의 값을 많이 매기고 연수가 적으면 너는 그것의 값을 적게 매길지니 곧 그가 소출의 다소를 따라서 네게 팔 것이라"라고 말한다. 바꿔 말하면, 소유지는 임차 계약으로만 팔 수 있으며 희년에는 원래의 자유 보유권자에게 되돌아간다. 이 제도가 실제로 실행되었는지 여부는 알지 못하며, 희년 시스템이 전적으로 희망 사항에 불과할 수도 있다. 그러나 이는 의심의 여지 없이, 조상에게 물려받은 땅에 대한 독특한 태도를 반영한다.

부동산이 아닌 다른 소유에 관해서는 구약성경 특유의 견해가 그다지 많은 것 같지 않다. 구약은 사람들의 일반 재산에 대해서는 청지기 정신에 비추어 성찰하지 않으며, 정당한 가격일 경우 재산을 사고파는 것을 당연시한다(사고팔 때 다른 저울추를 사용하는 것을 금지하는 명령은 많다. 레 19:35-36; 신 25:13-15; 잠 11:1; 20:23을 보라). 내가 보기에 구약성경에는 '거룩한 가난'에 대한 어떤 이상도 없다. 누가 그들의 소유를 훔쳤거나 그들을 압제했기 때문에 가난해진 것이라면, 가난한 사람은 무죄하며 따라서 하나님의 긍휼의 대상으로 여겨질 수 있다. 그러나 잠언이 지속적으로 지적하듯이 게을러서 가난해졌다면 결코 그렇게 여겨지지 않는다(잠 6:6-11; 24:30-34을 보라). 이 점에서 구약의 정신은 현대의 기준에서는 보수적으로 보일 수 있다. 부당하게 다른 사람을 가난하게 만드는 것은 수치스러운 일이며 그렇게 하는 사람은 처벌을 받아야 마땅하나, 게으름 때문에 스스로 가난해지는 것 또한 수치스러운 일이며 그렇게 가난해진 사람은 마땅한 일을 당하는 것이다. 나는 구약성경이 이보다 더 높은 수준의 정교함을 드러내는 것을 보지 못했다. 구약의 사회·경제적 분석은 상당히 기초적이며, 비슷한 기록에서 예상하듯이 발달된 상업 사회의 복잡성은 구약의 이해 범위를 넘어선 것이다.

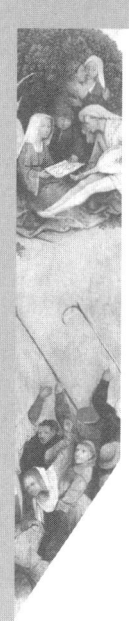

4

하나님의 명령인가 자연법인가

이전 장들에서는 주로 구약성경에 나타난 윤리의 내용—어떤 행동 방침이 선하거나 나쁘다고 판단되는지—과 이 정보가 어떻게 전달되는지, 즉 율법을 통해서인지 혹은 내러티브를 통해서인지에 대해 집중했다. 그러나 특히 도덕 철학 영역에서는 윤리 탐구의 많은 부분이 윤리의 **토대**에 보다 관련되어 있다. 이는 곧 어떻게 이런저런 유형의 행동이 옳거나 잘못되었다고 여기게 되는지, 또는 도덕적 의무라는 것이 왜 존재하는지의 문제다. 도덕에 관한 기독교의 논의 영역에는 (아주 거칠게 말하면) 신학적 윤리의 두 가지 주된 전통이 있다. 그중 하나는 인간의 도덕적 의무를 명시된 하나님의 명령에 기인하며 전문 용어로 '실증법'(positive law)이라 불리는 문제로 보는 것이다. 행위는 하나님이 명령하셨느냐 금지하셨느냐에 따라 선하거나 나쁘다. 다른 한 전통은 윤리의 원천을 자연법으로 보는 것이다. 자연법은 사물이 존재하는 방식에 본래부터 깃들어 내재한 윤리 체계로, 세상에 내재한 일종의 본유적 도덕의 힘이다. 이는 실증적 명령의 방식이 아니라 자연 질서의 창조자이신 하나님에게서 유래한다.

기독교 교회 안에서 이러한 구분은 흔히 성경에 대한 상이한 입장과 관련되어 왔다. 성경이 교회의 삶 속에서 중심이 되며 참으로 제일 우선이라고 생각하는 사람들, 사실상 제2차 바티칸 공의회 전까지는 개신교도들이 그러했는데, 그들은 도덕 철학의 자연법 전통을 사실상 다소 이신론적이라고 여기며 탐탁지 않게 보는 경향이 있다. 그들이 보기에, 자연법은 하나님을 좁은 영역으로 밀어낸다. 그곳에서 하나님은 도덕적 의무의 먼 근원일지는 모르나, 인간들에게 어떻게 살아야 하는지를 가르치는 분으로는 창조 세계에 임재하지 않는다. 이런 사람들은 하나님이 실제로 성경을 통해 남성과 여성에게 말씀하셨다는 사실, 즉 그들이 어떻게 행동해야 하는지를 자연 질서 따위를 관찰하는 방식으로 추론하게 내버려 두시는 대신 명시적으로 지시를 주셨다는 사실을 자연법이 간과한다고 말할 것이다. 20세기에 칼 바르트(Karl Barth)는 하나님이 세상(과 교회와 개인)을 실증법으로 통치하신다고 특히 적극적으로 주장했다. 실증법의 가장 명백한 예로 십계명이 있다. 인류에게 선한 것은 하나님이 그렇다고 정하신 것이지, 인간이 추론할 수 있는 것이 아니다. 바르트가 모든 종류의 자연법에 반대한 것은 자연 신학에 대한 반대를 윤리적 영역에 적용한 것일 뿐이다.[1] 하나님은 신적 명령자이시며 그 목소리에 순종해야 한다. 이 주제를 이렇게 이해하는 것은 성경을 윤리적 가르침의 원천으로 소중히 여기는 태도와 강하게 연결되어 있다. 만약 성경이 중심이 되어야 한다면, (바르트가 믿기로는) 실증법이 윤리를 이해하는 확실한 모델일 것이다. 왜냐하면 성경은 하나님이 인류, 혹은 적어도 이스라엘과 교회에게 명령으로 주신 도덕에 관한 말씀을 설명한 것으로 구성되거나 최소한 그런 것들을 포함하기 때문이다.

이와 반대로 자연법 전통은 성경의 권위에 대한 인식이 보다 약해진 곳에서 번성해 온 경향이 있다. 제2차 바티칸 공의회 전까지 로마 가톨릭은 윤리에 대해 가르칠 때 성경 본문을 거의 언급하지 않았다. 대신 철학적으로 분석된 인간의 본성에 무엇이 걸맞은지 아닌지를 질문하며, 제1원리에 입각해 역시 철학적으로 작업했다. 그래서 개신교의 도덕적 가르침은 흔히 그리스도 안에서 하나님을 향해 결단하여 교회의 교제 안에 사는 사람들을 위해 사는 올바른 삶의 방식에만 관련된 반면, 가톨릭의 도덕 신학은 모든 사람에 대한 올바른 삶의 방식에 관해 수칙을 정하는 데 거리낌이 없다. 가톨릭의 도덕적 가르침은 자연법적 분석에 기초를 둔 보다 보편적인 요구라는 측면에서 강점을 발휘해 왔다. 그러나 이는 성경과 연관 짓기 어렵다. 게다가 지금은 성경 본문이 가톨릭 신앙에서 훨씬 더 중심적이기에, 성경 본문을 어떻게 다루고 시작점이 전혀 다른 도덕 전통에 이를 어떻게 접목할지를 아는 데 이따금 어려움이 있다. 실증법으로서의 성경은 그런 가톨릭 체계를 혼란스럽게 한다. 윌리엄 스폰(William Spohn)은 저서 『그들은 성서와 윤리에 관하여 무엇을 말하는가?』(*What are They Saying about Scripture and Ethics?*)[2]에서, 전통적 가톨릭의 가르침 안에서 성경의 위치를 간략히 담아내고자 '도덕 상기자로서의 성경'(Scripture as moral reminder)이라는 탁월한 축약 표현을 고안했다. 무엇이 옳고 그른지는 자연법에서 출발한 추론의 결과로 교회에 의해 알려진다. 성경은 법을 제정하기 위해서가 아니라 예증하기 위해 사용된다. 자연법에 순종하는 것이 실제로 어떤 모습인지 사례와 권고로 보여 주기 위해서 말이다. 성경은 우리가 이미 아는 바를 상기시키기 위해 존재한다.

이렇게 매우 단순화된 형태로 개신교와 가톨릭의 전통적 입장을 설명한 까닭은 둘 사이에서 판단하기 위해서가 아니라 양자가 공유하는 전제를 강조하기 위해서다. 바로 성경에 나타난 윤리가 자연법이 아니라 실증법의 문제라는 전제다. 바르트 같은 개신교인에게 자연법은 윤리의 본질일 수 없다. 왜냐하면 성경 안에 체화된, 하나님이 자유롭게 하신 말씀이 기독교적 행위를 다스리는 실증법이기 때문이다. 전통 가톨릭교인에게는 자연법이 우위에 있어야 하므로, 실증법만을 포함하는 성경이 중심일 수 없다. 가톨릭교인과 개신교인 사이의 불일치는 성경이 자연법이 아니라 실증법에 부합한다는 인상에 대한 사전 합의 위에서 나타나는 것이다.

이번 장에서는 이러한 합의에 의문을 제기하며, 자연법이 성경 밖은 물론 성경 안에도 존재한다고 주장하려 한다. 성경의 저자들은 종종 하나님이 선언하셨거나 계시하셨던 것이 아니라 사회 속 인간 삶의 본질에 기초한 명백한 것에서부터 논의를 전개한다. 따라서 자연법과 성경의 계시 사이의 단순한 대조로는 충분하지 않다. 도덕신학에서 성경의 자리에 대한 어떤 설명을 제시하든지 그보다는 더 정교해야만 할 것이다.

이 문제에 점진적으로 접근하기 위해, 도덕적 의무가 신학적 토대에 반드시 의존할 필요 없이 인간의 도덕적 합의의 문제로 간주되는 듯한 구약성경의 몇몇 부분부터 주목하고자 한다. 가장 명백한 사례를 아모스 1:3-2:3에 나타난 신탁에서 발견할 수 있다. 여기서 아모스 예언자는 이스라엘을 둘러싼 여러 민족, 곧 다메섹의 아람, 블레셋, 모압, 암몬 사람들이 범한 많은 잔혹 행위 또는 전쟁 범죄를 비난한다. 그들이 범했다는 범죄 가운데 어느 것도 구약 율법에 언급되지 않으며, 당연하게도 구약 율법은 어떤 경우든 이방인이 아니라 오직 이스라엘 사람의 행위를 규제한다. 예언자가 비난하는 논리는 주민 전체를 노예로 삼거나 정복당한 적을 고문하는 것 같은 전시의 몇몇 관습이 용납될 수 없음을 이 모든 민족이 알았거나 혹은 알아야 했다는 의미로 보인다. 아모스의 이런 가정은 옳다.[3] 고대 근동의 민족 대부분은 군사 작전이 진행되는 동안 정당하게 할 수 있는 것과 할 수 없는 것에 관한 행동 규칙을 잘 발전시켰다. 말할 필요도 없지만, 그들은 전쟁 중인 민족이 항상 그랬듯이 그 규칙을 자주 어겼다. 그러나 그 규칙이 있었기에 최소한 그들은 적의 행위에 항의할 수 있었다. 아모스의 비난에서 눈에 띄는 부분은, 문제시되는 범죄들 대부분이 이스라엘에게 가해진 것으로 보이지 않는다는 사실이다. 따라서 그 비난은 민족이기주의적인 것이 아니다. 아모스는 단지 다른 민족들도 도덕적 양심이 있고, 잔혹 행위는 잘못되었으며 누가 누구에게 행하든 잘못이라고 알려져 있음을 전제할 뿐이다.

이런 개념을 '자연법'이라는 용어로 표현하는 것은 지나칠 듯하다. 아모스는 전쟁 범죄라는 개념이 자연 질서를 분석한 내용에 의존한다고 말하지 않고 모든 사람이 공유하는 개념이라고만 말한다. 심지어 그는 그 개념 이면에 하나님이 계신다고 말하지도 않는다. 물론 각 신탁이 하나님이 범죄한 민족의 수도에 자연재해나 군사 점령을 통해 불을 보낼 것이라고 마무리되기에, 아모스가 이 규칙 위반에 대해 하나님이 갚으시리라고 생각했던 것은 분명하다. 그래도 역시 여기에는 신적 실증법의 관점으로는 설명할 수 없는 현상이 있다. 여기에는 하나님이 이 이방 민족들과 소통하셨다는 언급이나 암시가 없다. 하나님이 그들의 잔혹 행위를 명시적으로 금지하셨던 것은 더욱 아니다. 아모스는 다만 그런 행위가 잘못임을 그들이 알고 있다고 가정할 뿐이다.

아모스에서 그보다 어린 동시대의 예언자였던 이사야로 관심을 돌리면, 기독교가 도덕적 사고를 자연법을 통해 이해해 왔다는 사실에 더 근접한다. 확실히 뇌물 수수와 부패, 횡령, 불의에 관한 비판도 많긴 하지만(사 1:23; 3:9; 5:8-9, 23; 10:1-2), 이사야는 율법을 범한 범죄보다 사물 안에 존재하는 일종의 자연 질서를 위반하는 행동 방식을 가장 비판적으로 평한다. 교만이 이사야가 겨냥한 주된 비판 대상으로 보인다. 그것이 자기 외모에 대한 기쁨(사 3:16-4:1에 나오는, 예루살렘 상류층 여성을 향한 이사야의 다소 여성 혐오적인 비난처럼)을 의미하든, 왕궁의 국고를 맡은 셉나가 예루살렘에 아무 연고가 없음에도 불구하고 그곳에 값비싼 가족묘를 만들어 스스로를 높인 것을 의미하든(사 22:15-19), 또는 이스라엘의 하나님 야웨 대신에 자기들이 구축한 군대와 군사력을 믿은 유다 왕들의 자부심(사 31:1-2)을 의미하든 말이다. 이와 같이 이사야가 도덕적 실패라고 여긴 매우 다양한 것들이 교만이라는 항목에 포함된다. 만약 교만한 행위에 무슨 문제가 있는지 묻는다면, 교만이 창세기 3장에 나오는 아담과 하와의 죄와 같이 하나님처럼 되려는 인간의 시도를 나타내기 때문이라고 답할 수 있다. 결국 하나님이 교만을 금하셨기 때문이 아니라, 그로 인해 세상 질서 가운데서 차지하는 인간의 본질적으로 낮은 위치를 오해하게 되기 때문에 잘못이다. 교만은 이기적인 동기로 사물의 바람직한 질서를 뒤집으려는 자기주장을 나타낸다. 앗수르 왕의 죄와 마찬가지로 이스라엘의 죄는 이렇게 요약될 수 있다. "도끼가 어찌 찍는 자에게 스스로 자랑하겠으며 톱이 어찌 켜는 자에게 스스로 큰 체하겠느냐? 이는 막대기가 자기를 드는 자를 움직이려 하며 몽둥이가 나무 아닌 사람을 들려 함과 같음이로다!"(사 10:15) 이는 셰익스피어가 '위계질서'(degree)라 부른, 우주의 바람직한 질서를 뒤집는 것이다.

> 위계질서가 제거되어 악기 현이 잘못 조율되면,
> 불협화음이 거슬리게 들릴 겁니다.
> 모든 것들이 대립하여 다툴 뿐입니다.
> 바닷물이 불어 수위가 올라 해안선보다 높게 치솟고
> 견고한 지구 전체를 물속에 잠기게 합니다.
> 강자가 약자를 지배하게 되고,
> 버릇없는 자식이 아비를 때려죽일 것입니다.
> 힘이 권리가 되고 말지요.
> 아니 오히려, 옳고 그름을 따지려면,
> 양자가 한없이 갈등하는 사이에 정의가 자리잡아야 하나,

양자는 오히려 그 본체도 상실하고, 정의조차도 상실하게 됩니다.
모든 것이 힘에 좌우되며,
힘은 의지에, 의지는 욕망에 좌우되며
만인의 가슴속에 묻혀 있는 욕망이라는 늑대는,
의지와 힘에 의해 이중으로 뒷받침받게 되면
억지로 모든 것을 잡아먹다가
마침내는 자신마저 먹어 치웁니다.
[『트로일러스와 크레시다』(*Troilus and Cressida*, 전예원), 1막 3장]

이사야서에 나오는 온갖 범죄자에 대한 연속적인 '화' 예언은 동일한 개념성(conceptuality)을 사용한다. "악을 선하다 하며 선을 악하다 하며 흑암으로 광명을 삼으며 광명으로 흑암을 삼으며 쓴 것으로 단 것을 삼으며 단 것으로 쓴 것을 삼는 자들은 화 있을진저! 스스로 지혜롭다 하며 스스로 명철하다 하는 자들은 화 있을진저!"(사 5:20-21) 이사야가 29:16에서 말하듯이 "그들은 매사를 거꾸로 뒤집어 생각한다!"(새번역, 히브리어로는 '너희의 뒤집음'이라는 한 단어다)

이사야가 동시대 사람들의 도덕적 행위에 대해 내린 평가를 통합하는 사고방식은, 전체적으로 실증법 혹은 계시된 법의 체계보다 윤리에 대한 자연법 이론과 더 많은 것을 공유한다. 이사야가 규탄해야 한다고 본 것 가운데 몇몇은 구약의 법 규정에서도 또한 규탄받는다. 바로 재판 절차를 왜곡하고 가난한 자를 억압하며 뇌물을 받는 행위 등이 그것들이다(참고. 출 23:1-3, 6-8). 다른 죄도 율법이 다루는 사안일 수도 있으나, 실제로는 그렇지 않다. 예를 들어, 예언자들은 일반적으로 술 취함과 과도한 잔치를 비난했지만(사 5:22을 보라) 율법 어디에서도 이를 금지하지 않았다. 그러나 교만과 거만 같은 태도와 부적절하게 자기를 드러내어 하나님의 위엄을 인정하지 않는 것은 문자적 의미에서 율법이 이론적으로라도 다룰 수 있는 범위 안에 좀체 들어가지 않으며, 하나님이 그러한 문제에 대해 말씀하셨다고 이스라엘 사람들이 믿었으리라 생각할 만한 근거가 없다. 이사야도 하나님이 그렇게 하셨다고 말하지 않는다. 그는 그저 세상의 도덕적 질서를 받아들이기를 거절하는 행위가 악하다고 이해할 청자들의 도덕적 감각에 호소할 뿐이다.

아마 대부분의 사람들이 예언을 계시된 법 또는 실증적인 신법에 대한 패러다임 사례로 여기기 때문에 이 결론에 놀랄 수 있다. 구약성경의 대예언자 중 한 사람이 거의 자연법에 가까운 윤리론을 지녔음이 드러난다. 그러나 오랫동안 이사야에 관해 구약학자들 사이에서 일반적으로 받아들여진 한 가지 사실, 즉 구약성경에서 잠언으로 대표되는 경구적 가르침의 전통인 이른바 '지혜 전통'에 대한 이사야의 친숙함을 고려하면 이는 그렇게 별난 것이 아니다. 잠언에서는 율법 수여자 또는 명령자로서의 하나님 묘사는 거의 사용되지 않는다. 하나님이 등장하는 곳에서, 그분은 세상에 존재하는 도덕 질서의 작동을 감독하며 잘못된 행동을 갚으시는 분으로 묘사되지 특정한 도덕 명령의 창시자로는 거의 묘사되지 않는다. 그렇다고 하나님이 부재하시다는 의미에서 지혜 전통에 '세속적' 특징이 있다는 것은 전혀 아니다. 오히려 지혜 전통에 나오는 그분의 임재 **방식**은 율법 또는 실제로 구약의 여러 내러티브 책에 나타난 임재 방식과 다르다. 내러티브 책에서 하나님은 세상에 개입하시고 사람들에게 이래라저래라 말씀하시며 최고의 법 제정자로 순종을 받으셔야 하는 분인 반면, 지혜 문학에서는 하나님이 좀더 배경 같은 존재다.

이스라엘뿐 아니라 고대 근동 대부분을 통틀어 지혜 문학 저자들에게 하나님(또는 신들이나 '신적 존재')의 우선적 역할은, 이스라엘에서 '정의' 혹은 '의'라 불렸던, 그리고 다른 문화에서는 반신(半神)적 존재로 인격화된 일종의 추상적인 개념을 감독하는 것이다. 예를 들어, 이집트에서는 '마아트'(ma'at)가 그런 존재였다. 때로 '우주적 질서'라고도 불리는 이것은 우주를 하나로 묶어 유지하는 원리이며 — 물리적 층위에서는 일종의 우주의 접착제이며 — 인간의 도덕적 삶은 그것을 중심으로 조직되어야 한다. 본질적으로 '지혜'란 육체적·도덕적 층위 모두에서 이 질서에 부합되게 사는 능력이다. 곧 능숙하게 일하고, 분별력 있고 현명하게 결정하며, 전체 삶을 도덕적으로 사는 것을 뜻한다. 신적 명령에 복종하는 것은 기껏해야 전체 체계 중 단지 하나의 작은 측면일 뿐이며, 실제로 신적 명령이 등장하는 곳에서 그 명령은 전체를 포괄하는 원리 같은 것이 아니라 특정한 활동 영역에서 우주 질서가 어떻게 유지되어야 할지에 관한 세부 사항으로 여겨지는 경향이 있다. 구약성경이 '의', 곧 체데크(tsedeq)로 요약하는 것은 하나님이 정하신 특정한 법령이라기보다 우주적 질서를 보는 눈이 있는 누군가가 따를 전반적 삶의 방식이다.

지혜 문학은 성서학에서 주변적인 것으로 여겨졌다. 만약 바르트가 실증적인 신법을 구약성경 안의 유일한 모델로 다룰 수 있었다면, 이는 그가 저술하던 시기에 성서학자들 스스로가 지혜 전통에 거의 관심이 없었으며 이를 구약 문헌 안에서 다소 이질적인 텍스트라고 여겼기 때문이다. 그런데 최근 들어 특히 또 다른 스위스 학자 한스 하인리히 슈미트(Hans Heinrich Schmid)의 영향으로, 이렇게 지혜를 경시하는 것과 이에 대한 선입관을 20세기 구약학의 탈선처럼 여기기 시작했다.[4] 슈미트에게 구약의 우선적 지평은 하나님이 이스라엘을 선택하셔서 율법을 주신 것이 아니라, 세계를 창조하신 것과 그 창조의 특징에서 도출되는 도덕 질서다. 이는 도덕이 무엇보다도 인간이 자신의 유한하고 창조된 지위를 인식하고, 자신이 하나님이 머리이자 기원이신 위계적 우주에 속해 있다는 인식을 구체화하는 삶의 방식을 추구하는 문제임을 함의한다. 달리 말하면, 구약성경 저변에 놓인 도덕 체계는 대체로 이사야가 지지했으며 잠언과 같은 지혜 문헌에서 상세히 성립된 체계로, 실증법 전통이 그 위에 놓여 있다. 이는 성경이 그저 자기가 택한 백성에게 명령하시는 하나님에 관한 것이라는 통상적 전제를 깔끔히 뒤집고, 그 대신에 자연법에 관한 전통 가톨릭의 관심과 유사하게 피조 세계의 자연적 도덕 질서와의 관계성을 복원한다(참고로 슈미트는 칼뱅주의자다).

이러한 관점에서 보면 대부분 사람들의 생각보다 구약성경에서 자연법이 좀더 흔하게 보이기 시작한다. 실제로는 모든 곳에서 자연법을 찾아내기 시작할 위험도 있다. 심지어 성경 텍스트 자체에서 실증법으로 제시되는 어떤 것들이 자연적 질서를 향한 관심의 표현처럼 보일 수도 있다. 레위기 11장과 신명기 14장은 현대 유대교, 특히 유대교 정통파의 가장 두드러진 특징 중 하나인 복잡한 음식 규정 체계의 성경적 토대인데, 이 음식법이 바로 그 극단적 사례일 수 있다. 혹시라도 그 유효성이 전적으로 율법 수여자의 뜻에 달려 있을 뿐, 내용에 담긴 본래적 옳음에 전혀 근거를 두지 않는 실증법의 사례가 있다면, 아마 이 음식법이야말로 바로 그 사례라고 느낄 법하다. 왜 참새를 먹는 것은 허용되지만 갈매기는 안 되고, 양은 되지만 낙타는 안 되고, 대구는 되지만 새우는 안 되는가? 분명 그 유일한 까닭은, 이유를 헤아리기는 무척 어렵지만 하나님이 그것을 명령하셨고 우리는 하나님이 말씀하신 바를 순종해야 하기 때문일 것이다. 랍비 자료[민수기 랍바(Numbers Rabbah) 19]에는 이와 비슷하게 불가해한 어떤 율법에 관한 이야기가 있다. 그 율법은 속죄 의식에서 붉은 암소의 피와 재를 사용하는 내용이며 민수기 19:1-9에 나온다. 어떤 이방인이 유명한 랍비 요하난 벤 자카이(Johannan ben Zakkai)에게 이 율법의 이유를 묻자 그는 온갖 합리적 설명을 제시했다. 그러나 그 이방인이 떠난 후에 제자들이 진짜 이유를 묻자, 그는 그저 하나님의 말씀을 인용하여 이렇게 말했다. "'내가 율례를 명했고 법령을 선포했다. 어떤 사람도 나의 법령을 어기지 말아야 한다.' 기록된 것처럼(민 19:2), '이것은 법의 율례다.'" 합리적 설명은 이방인을 위한 것이며, 이스라엘 사람에게는 하나님이 율법의 수여자라는 인식만으로 충분해야 한다. 이보다 더 실증적인 법, 자연법의 어떤 개념

과도 동떨어진 법을 찾기는 어려울 것이다.

그러나 여기서도 문제는 보기보다 더 복잡하다. 음식법이 담긴 모세오경의 해당 장에는 적어도 그 율법 중 몇몇에 대한 설명 또는 이유도 담겨 있다. 육지 동물의 경우, 발굽이 갈라져 있고 되새김질도 하면 '정결'하므로 음식으로 허용된다. 그 조건에 맞지 않으면 정결하지 않다. 따라서 낙타는 부정하다. 왜냐하면 되새김질을 하는 반추동물이지만 발굽이 갈라지지 않았기 때문이다. 돼지는 부정하다. 왜냐하면 발굽이 갈라져 있지만 반추동물이 아니기 때문이다. 이 '왜냐하면'이란 이유가 우리에겐 몹시 불가사의하지만, 레위기 본문에서는 이런 설명이 문제를 이해하기 쉽게 만드는 것처럼 제시된다. 이는 둘 중 하나를 의미한다. 하나는, 저자가 그저 사후 합리화를 하는 것이다. 즉, 그에게는 이미 정한 동물과 부정한 동물의 목록이 있었는데, 우연히 그 목록을 설명할 만한 원리가 떠오른 것이다. 실제로는 목록의 기원이 그 원리와 사뭇 다르며 아마 전적으로 비합리적일 수도 있지만 말이다. 그게 아니라면, 다른 하나는 저자가 살던 문화 안에 그 원리에 관한 뭔가 분명한 것이 진짜 있었다는 의미다.

비교적 최근까지도 대부분의 주석가들은 아마 첫 번째 설명을 선호했을 것이다. 예를 들어, 어떤 동물이 부정하다고 간주된 '진짜' 이유는, 그 동물이 인접한 문화에서 희생 제물로 드려졌으므로, 이스라엘에게는 금기시되었기 때문이다. 아니면, 이스라엘 사람들이 뜨거운 기후에서 돼지나 갑각류를 먹는 것이 얼마나 위험한지를 발견했고, '부정한' 동물이라는 범주를 고안해 여기에 신적 구속력을 주었기 때문이다. 이 논의에 새로운 설명이 제시되었는데, 바로 사회인류학자인 메리 더글러스(Mary Douglass)가 이제는 유명해진 『순수와 위험』(Purity and Danger, 현대미학사)에서 제시한 것이다.[5] 더글러스는 어떤 동물의 정함과 부정함에 관해 주어진 이유가 진짜 이유였다고 논증한다. 즉, 사람들이 발굽이 갈라졌지만 반추동물이 아닌 동물과 반추동물이지만 발굽이 갈라지지 않은 동물은 뭔가 문제가 있다고, 어떤 식이든 흠이 있거나 불충분하다고 정말로 생각했다는 것이다. 이는 그 동물들이 사람 음식의 일부가 될 수 없음을 의미했다. 더글러스는 자연스러운 것과 부자연스러운 것이라는 개념을 상정하여 이를 설명했다. 이 개념에서는, 사물 사이에 자연스럽다고 인식되는 경계를 넘어서는 어떤 것이든 불충분하고 흠이 있으며 심지어는 위험하다고 여긴다. 그녀는 이러한 구별 위에서 작동하는 것처럼 보이는 또 다른 율법들이 구약성경에 있다고 말한다. 예를 들어, 두 종류의 직물로 만든 옷을 입거나 서로 다른 두 종류의 씨를 한 밭에 뿌리는 것을 금하는 율법(참고. 신 22:9-11; 레 19:19)과, 성관계가 가능한 대상(다른 가족의 일원)과 성관계가 불가능한 대상(자기 가족의 일원) 사이의 구별을 무너뜨리는 근친상간의 문제를 다루는 율법(레 18:6-18)이다. 마지막 예는 서구 사회에 남은 몇 안 되는 금기 중 하나이며, 이에 대한 우리의 반응을 고려하면 특정 동물을 '부자연스럽다'고 인식하는 것이 어떤 느낌인지도 아마 상상할 수 있을 것이다. 고대 세계에서 스핑크스는 사람들에게 공포를 느끼게 했다. 왜냐하면 스핑크스는 혼합물, 즉 악몽에서나 나올 법한 동물이었기 때문이다. 다니엘 7장에 언급된 짐승들도 아주 섬뜩한데, 주된 이유는 그 짐승들이 온갖 종류의 조각으로 이루어져 있어 무엇이라고 말하기가 불가능했기 때문이다.

이제는 왜 되새김질과 갈라진 발굽이 함께 연결되어야 한다거나, 이 패턴에 부합하지 않는 동물이 무엇인가 문제가 있다고 생각해야 했는지에 대한 의문이 든다. 메리 더글러스는 이 질문에 대답하는 데 도움을 주지는 않는다. 그러나 그녀의 가설은 여전히 강력하다. 왜냐하면, 그 가설은 어떤 동물을 금지한 이유가 이야기 속 랍비처럼 전적으로 비합리적인 하나님의 명령에 근거한다고 말하지 않을 수 있게 해 주기 때문이다. 우리에게는 그 가설이 합리적으로 보이지 않을 수 있겠지만, 아마 고대 이스라엘에서는 합리적으로 인식되었을 것이다. 최소한 어떤(아마도 다소 오래된) 시기에는 말이다. 그렇다면 이 가설은 자연법에 대한 질문과 즉각 마주친다. 이를테면, 현대 가톨릭 윤리학자가 인간의 본성을 정당하게 다루는 것이 아니라고 주장하며 낙태를 규탄할 수 있는 것처럼, 고대 이스라엘 사람들은 어떤 동물이 자연스러운 동물상에 부합하지 않는 이상한 형태라고 생각했을 수 있다. 비록 성경 히브리어에는 현대 영어의 '자연'(nature)과 '자연적'(natural)에 대응하는 단어가 없지만, 어딘가에 그 단어를 넣지 않고 그 율법의 의미를 현대 영어로 전달하기란 거의 불가능하다. 음식법의 논리적 근거는 '자연법' 개념과 유사해 보인다. '자연법'이라는 개념은 우리가 이를 통해 지칭하려는 바와 여러 방면에서 근본적으로 다르지만, 인용 부호를 사용하더라도 동시에 그 용어의 사용을 정당화할 만큼은 충분히 유사하기도 하다.

그러므로 나의 주장은 구약성경 안에 자연법이 상당히 많으며, 자연법과 같은 것이 예언자처럼 꽤 수준 높은 사상가뿐 아니라 전지성적 단계(pre-intellectual stage)까지 거슬러 올라가는 텍스트의 바탕을 이루는 단계에서도 윤리의 토대라는 것이다. 여러 시기, 여러 다양한 사회 계층에서 고대 이스라엘 사람들은 도덕적 의무가 우주의 질서, 그리고 세계가 이해되고 분류되는 방법과 관계있다고 인식했다. 실증법이 구약성경 속 윤리에 대한 유일한 접근인 것은 전혀 아니며, 자연법이 훨씬 더 널리 퍼져 있고 지속적이다.

동시에, 우리는 이스라엘 사람들이 순종해야 했던 실증적 법령을 하나님이 선포하셨다고 믿었던 정도를 과소평가해서는 안 된다. 그 법령이 세상 속에 있는 자연 질서라 추정되는 것으로 거슬러 올라갈 수 있든 없든 간에 말이다. 실증법은 두 층위에서 나타난다. 첫째는 하나님이 말씀하셨다고 전해지는 구체적 명령들 속에서, 둘째는 시간이 흐르면서 이스라엘 사람들이 그 안에서 도덕을 이해하게 되는 지배적인 틀로서 나타난다.

구약성경에서 특정한 신적 명령의 예는 찾기 쉬운데, 그런 명령이 너무 많기 때문에 사람들은 처음부터 도덕에 관한 다른 종류의 토대가 있다는 가능성을 부정하게 되었다. 앞에서 십계명에 대해 논의하기도 했지만, 모세오경에는 단지 하나님이 주셨기 때문에 복종해야 하는 다른 신적 명령들이 가득하다. 특히 신명기에는 이스라엘 백성이 무엇을 해야 하는지 가르치는 명령이 많은데, 그 근거는 이를 명령한 분이 하나님이라는 점이다. 윤리적 의무의 실증적 토대는 특히 야웨와 이스라엘 사이의 언약을 살피는 곳에서 드러난다. 언약은 본질적으로 계약이며, 그 안에는 양쪽 당사자의 이익을 위한 조건들이 구체화되어 있고 그 조건들을 지키면 언약이 이행되는 셈이기 때문이다(신 8, 28, 30장을 보라). 언약 안에서 산다는 것은 언약 상대자인 야웨의 요구를 수행하도록 스스로를 구속하는 것을 포함하며, 야웨의 요구는 그 자체의 어떤 본래적 옳음에 기초해 정당화할 필요가 전혀 없다. 그것은 야웨의 요구이므로 구속력이 있다. 동시에 신명기는 야웨의 율법을 매우 선한 법으로 권한다. "오늘 내가 너희에게 선포하는 이 율법과 같이 그 규례와 법도가 공의로운 큰 나라가 어디 있느냐?"(신 4:8) 이는 야웨의 율법을 평가할 만한 어떤 기준이 있음을 함축하며, 논리적으로 그 기준은 법규에 앞서 존재해야 한다. 이는 필시 우리를 다시 자연법으로 돌아가게 한다. 그럼에도 불구하고 일반적으로 율법이 구속력이 있는 것처럼 보이는 까닭은 그 본래의 가치 때문이라기보다 그것을 수여한 분 때문이다. 율법에 대한 복종은 이스라엘의 하나님 야웨에 대한 충성심을 보여 주는 시금석이다.

예언서에서도 이스라엘은 자기 하나님에게 불순종한다고 비난받는다. 이사야서에는 자연법에 대한 강력한 호소도 있지만, 시작부분부터 불순종이라는 개념이 발견된다. "소는 그 임자를 알고 나귀는 그 주인의 구유를 알건마는 이스라엘은 알지 못하고 나의 백성은 깨닫지 못하는도다' 하셨도다"(사 1:3). 말 못하는 동물의 충성과 순종이 이스라엘이 보여 줄 수 있는 어느 것보다도 뛰어나다. 이사야 예언자는 다른 표현으로, 이스라엘을 심각하게 매를 맞았지만 여전히 '반역'을 멈추기를 내켜 하지 않는 노예로도 그린다(사 1:5-6). 불순종이라는 주제가 이사야서보다 다른 예언서에서 훨씬 더 명확한데, 그중 호세아서에서는 야웨와 이스라엘 사이의 관계를 결혼과 비교한다(호 1-3장). 흔히 이를 대단한 관대함의 이미지로 해석하곤 하는데, 그런 주제가 나타난다 하더라도 이스라엘이 충절을 지키는 아내처럼 자신의 신적 남편에게 순종할 의무가 있다는 함의가 더 분명하다. 이스라엘에서 결혼 관계는 매우 비대칭적이었으며, 아내는 일차적으로 남편 가문의 주요한 구성 요소로서 자녀나 종들처럼 남편에게 순종해야 할 의무를 지고 있었다. 호세아 2장에서 이스라엘은 야웨의 부정한 아내로서 호세아가 자기 아내를 '징계했다'고 말하듯이 징계를 받아야 한다. 이스라엘이 그 주인에게 순종하는 것을 배울 때까지, 즉 주인이 우세한 지위에 따르는 권한으로 이스라엘에게 명한 것을 행하는 법을 배울 때까지 그래야 한다. 이 단락에서 개괄한 본문은 오늘날 대부분의 사람들이 용인할 만하다고 여기는 인간관계에 대한 태도와는 거리가 멀다.

이처럼 인간의 도덕을 실증적인 신법에 대한 순종으로 여기는 구체적 예가 많다. 그러나 적어도 현재 형태의 구약성경은 또한 실증법을 하나님에게서 유래한 도덕 전체에 대한 모델로도 본다. 달리 말하면, 구약의 최종 편집자들은 우리가 발견할 수 있는 자연법적 요소조차도 하나님에 대한 순종이라는 항목 아래 포함한다. 그리고 실제로 이 때문에, 성경을 읽는 사람들은 대부분 실증적인 신법에 순종하는 것이 성경이 제공하는 유일한 모델이라는 생각을 당연하게 여긴다. 예를 들어, 현재 레위기와 신명기에 나오는 형태의 음식법은 하나님이 모세에게 말씀하시거나 모세가 이스라엘에게 말하는 맥락 안에 있다. 이는 하나님이 그 백성이 반드시 해야 하는 바를 말씀하신 것이다. 실상 '주께서 이와 같이 말씀하신다'는 문구는 오직 미래 사건에 대한 예견에만 더불어 등장하고, 그 사건이 왜 그런 식으로 벌어질 것인지에 대한 도덕적 분석이 함께 나오는 경우가 전혀 없음에도 불구하고, 민족의 도덕성에 대한 예언자적 비평은 그 앞에 '주께서 이와 같이 말씀하신다'는 구문이 암시된 것처럼 다루어진다. 따라서 원래 관습적이거나 자연적인 도덕성의 표현이었던 도덕적 발언조차 실증법 혹은 '계시'의 사례가 되도록 상황화되는 경향이 있다. 그 안에서 하나님은 전적으로 그분의 뜻에서 나올 뿐 윤리에 관한 인간의 자연적 직관에는 의존하지 않는 명령을 내리신다.

일단 구약이 유대인과 그리스도인 모두에게 확정된 정경이 되자, 그 안에 있는 모든 것을 계시로 읽으려는 매우 자연스러운 경향이 생겨났다. 이는 지혜 문학에 가장 급진적인 영향을 미쳤다. 원래 인간 지혜의 정수였던 잠언은 신적 충고나 법률을 표현한 것으로 해석되었고, 따라서 미쉬나(Mishnah)에서ー주후 2세기에 편찬된, 법적 문제에 관해 랍비가 내린 판결들의 권위 있는 모음집이다ー신의 뜻을 계시하기 위한 원천으로 히브리어 성경 전체에서 가장 많이 인용된 텍스트 중 하나다. 집회서 혹은 시라의 아들 예수의 지혜서라 불리는 외경에서, 그보다 앞선 지혜 전통 텍스트에서 인간의 지혜였던 그 '지혜'는 신의 지혜로 바뀌고, 어떻게 살 것인가에 관한 유대교의 청사진이자 신적 실증법이라는 하나님 계시의 구체적 표현인 토라와 동일시된다. 이러한 방식으로 보면 성경 전체는 하나님께서 우리가 무엇을 해야 하는지 말씀하시는 것이 되고, 성경이 인간의 자연적 도덕 혹은 자연법을 어느 정도 담고 있을 수 있다는 어떠한 생각도 밀려난다. 그러나 하나님의 명령은 레위기나 신명기에서만큼이나 잠언에서도 끌어낼 수 있다. 실제로 구약 이야기 속 인물을 좋거나 나쁜 행동의 본보기로 취급하는 방식을 통해 내러티브 자료에서도 하나님의 명령을 추출할 수 있다. 하지만 앞서 보았듯이 구약의 내러티브들은 흔히 이런 취급에 결코 잘 들어맞지 않는다. 인물들이 거주하는 도덕적 세계는 율법에 순종했는지 여부에 단순하게 '예, 아니요' 식의 질문을 던지고 그 대답에 근거해 내린 평가보다 훨씬 더 복잡한 경우가 빈번하다. 이러한 이야기에 나오는 인물들 스스로가 신법에 연관되지 않는 도덕 기준에 호소하는 것처럼 보인다. 예를 들어, 다윗의 자녀들에 관한 이야기에서 오빠인 암논에게 강간을 당하려는 순간, 다말은 "이런 일은 이스라엘에서 마땅히 행하지 못할 것이니 이 어리석은 일을 행하지 말라"(삼하 13:12)라고 말한다. 이는 신적 계시의 관점에서 말하는 대신 관습과 전통의 언어를 사용한 것이다. 그러나 서력기원 초기의 유대인이나 그리스도인에게 호소력이 있었을 법한 신학적 읽기는 암논의 죄가 율법에 대한 불순종이었으며, 따라서 그것이 틀림없이 다말이 뜻한 의미라고 가정하는 경향이 있었다.

칼 바르트와 같은 신학자가 구약성경 안에 있는 도덕은 모두 신적 명령자에게 순종하는 것이라고 선언한다면, 반드시 잘못된 생각만은 아니다. 왜냐하면 최종 형태 혹은 '정경적' 형태의 성경은 수 세기에 걸쳐 그리스도인과 유대인에 의해 그렇게 해석되어 왔으며 그렇게 읽힐 수 있기 때문이다. 이번 장에서는 '하나님의 실증법에 대한 복종' 모델이 단지 하나의 가능한 선택지일 뿐, 도덕이 훨씬 더 다양한 방식으로 생각되던 현재 텍스트 형태의 근저에 깔린 초기 단계들을 식별할 수 있음을 보여 주려고 했다. 어쩌면 우리가 텍스트의 의미의 최종 층위에 머물러야 한다고, 즉 유대인과 그리스도인이 수용하고 전통적으로 해석해 온 성경의 의미에 머물러야 한다고 주장하고 싶을 수 있다. 그러나 나는 우리가 또한 그 표면 아래를 파는 것과, 이 고대 문서 안에 대부분의 성경 독자가 그저 추측했던 것보다 서구 전통이 '자연법'이라고 불러 온 것에 더 많이 토대를 두고 있음을 이해하는 윤리에 대한 접근들이 비록 초보적 형태로라도 남아 있음을 보이는 것도 용인될 수 있다고 생각한다.

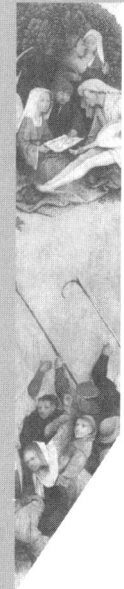

5

우리는 왜
도덕적이어야 하는가

4장에서는 구약성경에서 '자연법'이라 부를 수 있는 것이 우리가 보통 생각하는 것보다 좀더 각별한 위치를 차지함을 논증했다. 이것의 한 측면은 구약의 저자들—또는 예언자처럼 구약 텍스트 이면의 화자들—이 종종 자기 생각에 모든 사람이 공통으로 지녔다고 여기는 일종의 공유된 도덕감(moral sense)에 호소했다는 사실이다. 그들이 도덕성에 대해 사람들에게 말한 것은, 하나님이 불가해한 방식으로 이것을 명령하거나 저것을 금지하셨다는 내용이 아니라, 어떤 특별한 신적 계시와 관계없이 누구나 윤리적 의무의 기본 원리에 접근할 수 있다는 것이었다. 따라서 아무도 자기가 행하는 것이 잘못임을 몰랐다는 이유로 하나님의 심판에서 면제된다고 주장할 수 없었다. 이것이 분명 아모스 1:3-2:3에서 나타나는 논증의 노선이다.

구약 저자들이 논쟁하거나 독자들을 설득하는 그 이상의 방식이 있는데, 바로 사람들이 좀더 도덕적으로 행동하게 하기 위해 자신들의 호소에 전문 용어로 이른바 '동기부여절'(motive clause)을 덧붙이는 방식이다. 도덕성은 하나님의 뜻이나 자연법에 **근거할** 뿐 아니라 그것에 의해 **동기부여** 되기도 한다. 이는 보편적으로 이스라엘의 가장 오래된 법전으로 인정되는 출애굽기 21-24장의 소위 '언약 법전' [보통 유대 학계에서는 **미쉬파팀**(mishpatim), 즉 판결들이라 일컫는다]만큼

이른 시기의 텍스트에도 나타난다. 알려진 대로라면, 언약 법전은 십계명이 계시된 직후 모세가 이스라엘을 위해 받은 상세한 계명들이다. 십계명의 순서를 거의 따르지 않지만, 실제로 언약 법전이 십계명의 함의를 상세하게 풀어 놓았다고 볼 수도 있다. 대부분 학자들이 보기에 이 법전은 포로기 이전의 상당한 기간, 즉 사사 시대(주전 11세기?)부터 7세기 요시야의 통치 시기가 이를 때까지 이스라엘이 삶의 기준으로 삼았던 것이며, 요시야는 신명기의 중심부(대략 12-26장)를 구성하는 법전으로 이를 대체했다(그 대부분은 언약 법전의 갱신 확장판이다). 하지만 언약 법전의 현재 텍스트조차도 원래 법전의 확장판일 것이다. 왜냐하면 지금 형태의 언약 법전에는 직접적 의미로는 결코 법적 자료라 볼 수 없는 권고나 설득의 특징을 좀더 지닌 자료, 즉 동기부여절이 포함되기 때문이다.

내가 염두에 두는 것은 아래와 같은 '여담들'(asides)이다.

"너는 이방 나그네를 압제하지 말며 그들을 학대하지 말라. 너희도 애굽 땅에서 나그네였음이라. 너는 과부나 고아를 해롭게 하지 말라. 네가 만일 그들을 해롭게 하므로 그들이 내게 부르짖으면 내가 반드시 그 부르짖음을 들으리라. 나의 노가 맹렬하므로 내가 칼로 너희를 죽이니 너희의 아내는 과부가 되고 너희 자녀는 고아가 되리라"(출 22:21-24).

"네가 만일 이웃의 옷을 전당 잡거든 해가 지기 전에 그에게 돌려보내라. 그것이 유일한 옷이라. 그것이 그의 알몸을 가릴 옷인즉, 그가 무엇을 입고 자겠느냐? 그가 내게 부르짖으면 내가 들으리니 나는 자비로운 자임이니라"(출 22:26-27).

"거짓 일을 멀리하며 무죄한 자와 의로운 자를 죽이지 말라. 나는 악인을 의롭다 하지 아니하겠노라. 너는 뇌물을 받지 말라. 뇌물은 밝은 자의 눈을 어둡게 하고 의로운 자의 말을 굽게 하느니라"(출 23:7-8).

"너는 이방 나그네를 압제하지 말라. 너희가 애굽 땅에서 나그네 되었었은즉 나그네의 사정을 아느니라"(출 23:9).

여기서 선한 행위의 동기는 그 유형이 다양하다. 앞서 인용한 첫째 구절과 마지막 구절에서는 두 가지를 고려하여 이방 나그네에게 악을 행하면 안 된다고 가르친다. 첫째는 이스라엘 사람은 이방 나그네가 되는 것이 무엇인지를 안다는 사실이다. 이는 이민자를 향한 선한 행위의 원리를 타인이 나에게 하지 않았으면 하는 것을 타인에게 하지 말라는 소위 황금률의 부분 집합으로 만든다. 둘째는 이방 나그네를 향한 잘못된 행위에 하나님이 친히 복수하시겠다는 선언이자 신적 위협이다. 오늘날 많은 사회에서 그러하듯(영국에서는 확실히 그렇다), 사람들이 이민자를 향해 친절하게 행동하도록 만들기가 특별히 어려웠을 것이라 추측할 수 있다. 아마도 그 법이 비교적 모호했기 때문에 신적 처벌에도 호소했을 수 있다. 우리는 이방 나그네를 '압제'하는 것이 무엇이었는지 정확히 알지 못하지만, 많은 경우 법적 체계를 통해 처벌하기가 어려웠을 것이다. 그래서 형벌을 지정하기보다는 신적 행위로 범법자들을 위협한다. 정의하거나 강제하기가 매우 어려운 이런 종류의 규율을 포함한다는 것 자체가 이미 언약 법전이 법 규정 이상이라는 단서를 제공하는 것일 수 있다.

위협을 통한 동기부여는 과부와 고아에 관한 법에도 나온다. 고대 사회에서 법적 권리를 거의 갖지 못한 이러한 이들의 옹호자로 이런저런 신을 제시하는 것은 고대 근동에서 일반적이었다. 이스라엘에서는 야웨가 자연스럽게 그 역할을 맡았다. 과부와 고아의 보호자가 야웨라는 사실을 상기시키는 것은 사람들에게 그들을 착취하지 말라는 경고가 되었다. 어떤 처벌을 받을지 언급되지는 않았지만, 야웨께서 범법자를 "칼로" 벌할 것이라고 위협한 장면에서 추측하면 인간 법정이 그려진다. 그 처벌의 응보적 성격 - "너희의 아내는 과부가 되고 너희 자녀는 고아가 되리라" - 은 구약성경에서 매우 일반적이었고, 처벌이 범죄에 걸맞아야 한다는 일종의 자연스러운 인식에 호소하는 것은 내가 보기에 자연법 윤리와 결을 같이한다.[1]

담보에 관한 법도 아마 마찬가지일 것이다. 고대 이스라엘에서 돈을 얻기 위해 소유를 저당 잡히는 것은 분명 가능했지만, 일반적으로 법이 절차를 규제하지는 않았다. 그러나 여기서는 가난한 사람이 낮에는 외투지만 밤에는 침구 역할을 하는 마지막 소유물인 겉옷을 저당 잡히는 극단적인 경우를 다루고 있다. 만약 그렇게까지 몰락한다면, 저당 잡은 자는 그가 밤에 얼어 죽지 않도록 겉옷을 짐작컨대 매일 저녁에 돌려주도록 법규화되어 있다. 여기서도 율법은 통상적 경우가 아니라 극단적 경우에 관여하며, 단지 정의가 아니라 자선과 같은 것을 요구한다. 그러나 과부와 고아에 관한 법에서와 유사하게, 여기서 제시된 동기를 살펴보면 흥미롭다. 첫째로, 고통당하는 자를 향한 상식적이거나 자연스러운 동정심에 대한 호소인데—"어쨌든 그것은 그의 옷이다. 그것 말고 무엇을 덮고 자라는 말이냐?"—이는 이견을 허용하지 않는다. 둘째로는 신적 간섭의 위협인데, 이는 야웨가 사람들이 흔히 취하지 않는 방식으로 자비로우시다는 전제에 근거한다.

정당한 절차를 왜곡하는 것에 관한 법도 같은 경로를 따른다. 뇌물을 받고 무고한 자에게 유죄 판결을 내리는 자들을 야웨는 죄가 없다고 하지 않으실 것이며, 하나님의 보복에 대한 두려움이 그렇게 하지 못하도록 만류할 것이다. 하지만 이 사례의 특성을 고려하는 것 자체도 그런 역할을 해야 한다. 뇌물은 신적 처벌의 위험을 감수해야 할 뿐만 아니라 본래 잘못된 것이므로 받지 말아야 한다. 뇌물은 재판하는 자들이 "자신들의 눈을 멀게 하여"(말하자면 '못 본 척 눈감아 주어') 그릇된 행동을 하도록 유도하기 때문이다. 여기서는 정의를 왜곡하는 일이 잘못임은 꽤 명백하며, 합리적인 사람이라면 누구나 동의할 만한 것처럼 말한다. 따라서 이 동기부여는 처벌의 위협보다도 더 절묘하다. 일반적인 도덕감에 호소하기 때문이다. 되풀이하면, 이는 실증법보다는 자연법과 더 맥을 같이하며, 저자 자신이 당연하게 받아들이거나 청자가 당연하게 받아들일 수 있다고 여기는 도덕적 합의에 의존한다.

이제는 구약 율법의 동기에 대해 말하고자 하는 것에 좀더 틀을 갖추어, 지금까지 발견한 여러 종류의 동기부여에 대한 지도를 그릴 때인 것 같다. 어떤 동기부여절은 시간적으로 과거를 돌아본다. 이스라엘이 이집트에서 경험한 '이방 나그네의 마음'을 아는 지식에 호소할 때 특히 그렇다. 반면 다른 동기부여절에서는 야웨의 처벌이 있을 가능성에 대한 두려움뿐 아니라(아직 살펴보지 않은 텍스트에서는), 야웨께 받을 상을 소망하는 가운데 미래를 바라본다. 감사와 두려움 모두 행동의 가능한 동기인데, 감사는 과거 지향적이고 두려움은 미래 지향적이다. 전체 그림을 완성하기 위해(조금은 작위적으로 보일 수 있겠지만) 율법의 본래적 옳음에 대한 호소를 현재에 근거한 동기라고 묘사할 수 있다. 율법의 옳음이 당신에게 또는 당신의 더 나은 본성에 호소하기 때문에 당신은 이렇게 또는 저렇게 해야 한다. 그 행위 자체 너머에 미래의 보상이 있든 없든, 이렇게 행동하는 것은 해야 하는 일을 한다는 만족감을 줄 것이다. 적어도 잠정적으로라도 이런 분류를 받아들일 수 있다면, 우리는 과거, 현재, 미래라는 도식에 근거해 윤리적 동기에 대한 기본 지도를 그릴 수 있고 그 위에 구약의 여러 책에서 취한 입장을 표시할 수 있다.

미래에 근거한 동기부여

세 가지 중 마지막 것인 미래에 기초한 동기가 나에게는 구약성경에서 선한 행동을 장려하는 가장 흔한 장치로 보인다. 구약 윤리의 세계는 죄를 벌하겠다고 위협하고 의를 축복하겠다고 약속하는, 그야말로 당근과 채찍의 세계다. 두 요소가 모두 이미 십계명에 제시되어 있다. 채찍은 새긴 우상을 금하는 계명에 있고(출 20:5, "그것들에게 절하지 말며 그것들을 섬기지 말라. 나 네 하나님 여호와는 질투하는 하나님인즉, 나를 미워하는 자의 죄를 갚되 아버지로부터 아들에게로 삼사 대까지 이르게 하거니와"), 당근은 부모를 공경하라는 계명에 있는데 에베소서 저자의 표현을 빌면 이는 "약속이 있는 첫 계명"(엡 6:2)이다. "네 부모를 공경하라. 그리하면 네 하나님 여호와가 네게 준 땅에서 네 생명이 길리라"(출 20:12). 모든 율법책 가운데 아마 신명기가 이 주제를 가장 많이 발전시켰을 것이다. 신명기 10-11장의 주목할 만한 구절에서, 모세는 사람들로 하여금 하나님의 명령을 따르게 하려고 권면하고 회유한다(이 구절은 나중에 살펴볼 것이다). 사람들은 자신이 섬기는 하나님께 합당한 순결을 나타내라는 권면을 받는데, 이는 '마음의 할례'라는 생소한 심상으로 표현되며 예레미야서(4:4)에도 나온다. 모세는 "그러므로 너희는 마음에 할례를 행하고 다시는 목을 곧게 하지 말라. 너희의 하나님 여호와는 신 가운데 신이시며 주 가운데 주시요, 크고 능하시며 두려우신 하나님이시라. 사람을 외모로 보지 아니하시며 뇌물을 받지 아니하시고"(신 10:16-17)라고 말한다. 하나님의 정의는 매수할 수 없다. 따라서 인간 재판관보다 하나님을 더 두려워해야 한다. 땅의 재판관을 피해 가는 방법은 종종 있지만 하나님께는 협상이 있을 수 없기 때문이다.

하지만 최소한 신명기에는 다음 본문처럼 약속이 위협보다 지배적인 경향이 있다.

그러므로 너희는 내가 오늘 너희에게 명하는 모든 명령을 지키라. 그리하면 너희가 강성할 것이요, 너희가 건너가 차지할 땅에 들어가서 그것을 차지할 것이며 또 여호와께서 너희의 조상들에게 맹세하여 그들과 그들의 후손에게 주리라고 하신 땅 곧 젖과 꿀이 흐르는 땅에서 너희의 날이 장구하리라. 네가 들어가 차지하려 하는 땅은 네가 나온 애굽 땅과 같지 아니하니 거기에서는 너희가 파종한 후에 발로 물 대기를 채소밭에 댐과 같이 하였거니와 너희가 건너가서 차지할 땅은 산과 골짜기가 있어서 하늘에서 내리는 비를 흡수하는 땅이요, 네 하나님 여호와께서 돌보아 주시는 땅이라. 연초부터 연말까지 네 하나님 여호와의 눈이 항상 그 위에 있느니라.

내가 오늘 너희에게 명하는 내 명령을 너희가 만일 청종하고 너희의 하나님 여호와를 사랑하여 마음을 다하고 뜻을 다하여 섬기면 여호와께서 너희의 땅에 이른 비, 늦은 비를 적당한 때에 내리시리니 너희가 곡식과 포도주와 기름을 얻을 것이요, 또 가축을 위하여 들에 풀이 나게 하시리니 네가 먹고 배부를 것이라. (신 11:8-15)

선행은 신의 축복을 악행은 신의 저주를 가져온다는 생각은 이스라엘이 살던 세계에서 이론의 여지가 전혀 없었던 것으로 보인다. 이것은 율법만큼이나 예언서에도 나타난다. 이사야는 이렇게 말한다. "너희가 즐겨 순종하면 땅의 아름다운 소산을 먹을 것이요, 너희가 거절하여 배반하면 칼에 삼켜지리라"(사 1:19-20). 다가오는 심판을 국가적 죄에 대한 벌로 여기는 예언 메시지는, 하나님이 죄인은 벌하시지만 의인은 상 주신다는 그 문화 내의 일반적 전제 없이는 참으로 말이 되지 않는다. 예언자들은 청중에게 그것이 세상사의 방식임을 납득시키는 데 전혀 시간을 들이지 않는다. 아마 사람들이 이를 문제없이 받아들였기 때문일 것이다. 예언자들이 시간을 들여야 했던 일은 청중이 결백하지 않으며 사실은 범죄했음을 설득하는 것이었다. 달리 말하면, 그럴 만하기 때문에 그들이 신적 처벌을 받는다는 것이 이 합의된 원리의 논리적 귀결이다. 이와 비슷하게, 적어도 포로기 이전 예언자들은 조건적인 약속을 많이 언급하지 않는데(최소한 그렇게 보인다), 왜냐하면 그들은 청자 대부분이 신적 은혜를 받을 만한 방식으로 행위를 바꾸기에는 이미 너무 늦었다고 확신했기 때문이다. 그러나 예언자들은 사람들이 방식을 바꾸지 않으면 재앙이 뒤따를 것이며, 심지어 이제는 변화할 수 있는 때가 너무 오래 지나 오직 재앙만이 그들 앞에 놓여 있음을 깨닫게 하려고 위협의 말을 잔뜩 쏟아 낸다. 미래에 호소하는 것이 행동의 동기가 될 수 있다는 전제가 모두에게 당연하게 여겨진다.

이는 지혜 전통으로 주제를 옮겨도 똑같이 명확하다. 잠언은 (종종 보이는 증거와 반대로) 좋은 사람에게 좋은 일이 생기고 나쁜 사람에게 나쁜 일이 생긴다고 주장한다.

> 내 아들아, 나의 법을 잊어버리지 말고
>   네 마음으로 나의 명령을 지키라.
> 그리하면 그것이 네가 장수하여 많은 해를 누리게 하며
>   평강을 더하게 하리라.

인자와 진리가 네게서 떠나지 말게 하고
그것을 네 목에 매며
네 마음판에 새기라.
그리하면 네가 하나님과 사람 앞에서
은총과 귀중히 여김을 받으리라.

너는 마음을 다하여 여호와를 신뢰하고
네 명철을 의지하지 말라.
너는 범사에 그를 인정하라.
그리하면 네 길을 지도하시리라.
스스로 지혜롭게 여기지 말지어다.
여호와를 경외하며 악을 떠날지어다.
이것이 네 몸에 양약이 되어
네 골수를 윤택하게 하리라. (잠 3:1-8)

지혜서에 이러한 개념이 널리 퍼져 있는 것은 윤리가 오직 신의 명령으로 이해되는 곳에서만 이 개념들이 발생하지는 않음을 상기시킨다. 모세오경의 대부분에서처럼 윤리를 신의 명령으로 **이해하는** 텍스트에서, 하나님은 확실히 그분의 명령을 지키거나 어긴 것에 상 또는 벌을 주시는 존재로 여겨진다. 하지만 전반적으로 이른바 자연법과 상당히 유사한 원리가 지배적인 지혜 문학에서도 번영 또는 재앙이 인간 행위로 인해 초래된 결과라는 주장이 그만큼이나 강하다.

실제로, 축복이나 저주라는 신의 결정보다 행위의 자연스러운 귀결이라는 관점으로 사고하는 저자들에게, 행위와 결과는 매우 밀접하게 연관되어 있을 수 있다. 남녀 인간에게 생기는 일의 원인으로 하나님의 뜻을 강조하고자 했던 예언자 같은 사람들보다도 더욱 그러할 것이다. 지혜 문학 저자들이 좋든 나쁘든 행위의 결과가 어떻게든 그 행위 자체와 결부되며 거의 자동적으로 발생한다는 인상을 주는 것을 강조하기 위해, 독일 학계는 이 관계에 '행위-결과 관계'(der Tun-Ergehen-Zusammenhang)라는 별칭을 달아 주었다. 만약 문제를 이렇게 본다면, 어떤 행위를 의도하는 것과 그 행위의 결과를 의도하는 것 사이에는 거의 차이가 없다. 선이나 악이 이런저런 행동에 기인하는지는 열린 질문이 아니라 이미 정해진 결론이다.

선한 행위가 번영에 이르고 나쁜 행동이 역경에 이르리라는 것을 항상 미리 알고 있다는 이 감각이 지혜 문학의 다소 교조적인 특징을 야기하는데, 이는 현대의 많은 독자들에게 거슬리는 것이다. 소위 지혜시라고 불리는 시편 37편은 25절에서 이런 개념들로 논리적 결론을 내린다. "내가 어려서부터 늙기까지 의인이 버림을 당하거나 그의 자손이 걸식함을 보지 못하였도다." 이는 '충분히 돌아다녀 보지 않았군'이라는 식의 반응을 불러일으킬 수 있다. 그러나 비록 관례에 따라 실증적 관찰의 형태로 제시되어 있지만, 사실 이것은 실증적 관찰이 아니라 교리적 원리의 진술이다. 구약의 많은 저자들은 동의할 만한 진술이지만, 오늘날 대부분의 사려 깊은 사람들은 대체로 받아들이기 어렵다고 여길 것이다.

실제로 미래를 언급하는 윤리적 동기부여는 구약성경에서 매우 일반적이어서 다소 예기치 못한 결론으로 나아갈 수 있다. 구약 윤리를 자연법이 아닌 실증법의 사례, 심지어 패러다임적 사례로 다루는 것이 일반적이었던 것처럼, 성경에 담긴 윤리를 '의무론적' 접근(deontological, 책임이나 의무 개념에 근거한 접근)의 특별히 명백한 사례로 보는 것이 일반적이었다. 이 말은 구약성경은 사람들이 하거나 하지 말아야 하는 것을 규정할 뿐이지, 가령 행복과 같은 특정한 목표를 성취하는 데 가장 좋은 길이 무엇인지 제안하지 않는다는 뜻이다. 다른 방식으로 표현하면, 구약성경은 궁극 목적과 선한 것, 인간이 스스로 설정한 목표에 관심을 두는 윤리에 대한 '목적론적'(teleological) 접근을 제시하지 않고, 그 대신에 오직 사람들이 무엇을 **해야만** 하는지에 관심을 둔다는 말이다. 하지만 실증법이 우세하다는 추정처럼 구약 윤리를 의무론적이라고 설명하는 통념에 관해서도, 나는 문제가 겉으로 보이는 것처럼 단순하지 않음을 제안하고 싶다.

반드시 매우 중요하지는 않을 수 있지만, 한 가지 흥미로운 요소는 성경 히브리어에는 의무론적 양상을 표현하는 명확한 방법이 없다는 사실이다. '무엇을 해야 한다'라고 번역할 수 있는 히브리어 동사가 없다는 사실은, 발터 아이히로트(Walter Eichrodt)가 『구약성서신학』(Theology of the Old Testament, 크리스천다이제스트)에서 '무조건적 의무'를 구약 도덕 논의의 중심 논점으로 삼았던 것을 생소하게 만들었다.[2] 의무는 명령형 또는 청유형이나 지시형처럼 명령형과 관련된 형태를 통해 전달되거나, 단순 미래, 특히 부정어 다음에 나오는 단순 미래를 통해서도 전달된다. 그래서 "너는 도적질하지 말지어다" 같은 친숙한 십계명의 번역이 나온다. 그럼에도 불구하고 이런 류의 언어학적 논증은 결코 완전히 만족스럽지 않으며, 에둘러 말하는 긴 표현을 통해서라도 히브리어에는 '당위'를 전달하는 적절한 방편이 있음을 논증할 수 있다.

훨씬 더 중요한 것은, 구약 텍스트에는 사실상 미래의 유익에 대한 기대로 동기부여 되지 않고서 선한 행위를 할 가능성이 매우 드물게 나온다는 관찰이다. 내가 생각할 수 있는 분명한 예는 후대에 쓰인 두 권의 책, 욥기와 다니엘서에 나오는 것뿐이다. 욥기 서두에서 사탄은 하나님께 묻는다. "욥이 어찌 까닭 없이 하나님을 경외하리이까?"(욥 1:9) 사탄은 욥의 경건이 자기 이익을 도모하기 위한 것이라 암시한다. "주의 손을 펴서 그의 모든 소유물을 치소서. 그리하시면 틀림없이 주를 향하여 욕하지 않겠나이까?"(욥 1:11) 이 사건에서 사탄이 틀렸음이 밝혀진다. 왜냐하면 욥은 무슨 일이 일어나든지 하나님께 영광을 돌리며 자신의 경건을 끝까지 지키기 때문이다. 심지어 모든 소유를 잃고, 아내를 제외한 모든 가족과 마침내 자신의 건강을 빼앗길 때조차도 그렇다. 그러나 경건에 대한 보상이 없음에도 경건할 수 있는지 여부가 중요한 질문인 것처럼 제기되고, 매우 예외적인 경우이긴 하지만 마침내 사심 없는 경건이 가능함이 증명된다(여기서는 전혀 다른 욥이 드러나는 욥기의 시적인 대화 부분은 무시했다).

다니엘서에서 사심 없음은 느부갓네살 왕이 세운 형상에 예배하기를 거부하여 활활 타는 풀무불에 던져진 세 청년에게서 나타난다 (단 3장). 처음에 그들은 그들의 하나님, 즉 이스라엘의 하나님이 왕의 권세로부터 자신들을 충분히 건져 낼 능력이 있으며 실제로 그렇게 하실 것이라고 주장한다. 하지만 이어서 이렇게 말한다. "그렇게 하지 아니하실지라도, 왕이여, 우리가 왕의 신들을 섬기지도 아니하고 왕이 세우신 금 신상에게 절하지도 아니할 줄을 아옵소서"(단 3:18). 일반적으로 주석가들은 세 청년을 유대 풍습에 계속 충실하고 헬라 관습에 동화되기를 거부하여 주전 2세기에 이교도 왕 안티오쿠스 에피파네스 4세에게 죽임 당한 마카베오 시대 순교자들의 상징으로 해석한다. 그때에도 그러한 경건에 대해 어떤 명백한 보상도 없다는 것이 문제였으므로, 이런 해석은 사리에 잘 맞는 것 같다. 흔히, 하나님이 폭군이 가한 죽음조차 뛰어넘어 진정 신실한 종들의 정당성을 입증하고 보상해 주실 것을 역설하는 방편으로 이 상황에서 죽은 자들의 부활에 대한 유대인의 믿음이 생겨났다고 생각한다. 그러나 다니엘 3장에는 있을 법한 그러한 보상에 대한 언급이 전혀 없으며, 세 청년은 욥기의 산문체 부분에 나타난 욥과 같이 사심이 전혀 없는 경건의 대표자로 제시된다.

하지만 이 두 가지 예가 내가 찾을 수 있는 전부다.[3] 대개 구약성경은 사람들이 어떤 목적을 위해 선을 추구하는 것을 당연하게 여기기 때문이다. 그 목적이 신명기처럼 물질의 축복이나, 가령 73편 같은 몇몇 시편처럼 하나님과 함께하는 삶으로 인한 좀더 섬세한 만족으로 제시되기도 한다. 그러나 목표가 없다고 생각하거나 마치 하나님 또는 자연이 사람들에게 요구는 하지만 보상은 하지 않는다고 생각하는 것은 일반적이지 않다. 다음 찬송가 가사를 보라.

> 나의 하나님, 당신을 사랑합니다.
> 저 천국을 소망하기 때문이 아니고,
> 당신을 사랑하지 않는 사람이
> 영원히 멸망당하기 때문도 아닙니다.

구약의 저자 대부분이 이를 이론적 방식으로 이해할 수 있었을 것이며, 분명히 욥기와 다니엘서의 저자들은 이런 종류의 문제를 성찰한 듯하다. 하지만 대다수가 이를 그다지 현명한 태도로 여기지 않았을 것이다. 하나님과 함께하는 삶은 협력 관계이며 거기에는 주고받음(give and take)이 있다. 하나님은 받기만 하지 않으시고 사람도 주기만 하지 않는다. 윤리의 목적론적 요소는 고대 이스라엘 사람에게는 그저 상식으로 보였다. 그들은 물론 하나님께 순종하기 위해 행동했지만, 하나님이 당신에게 순종하는 자들에게 좋은 것을 약속하셨으며 그분의 도를 떠나는 자들에게는 불행으로 위협하셨다는 믿음으로 행동했다. 우리가 도덕적이어야 하지만 무언가를 얻기 위해서가 아니라고 말한다면, 고대 이스라엘 사람들에게 경건을 비현실적으로 정제했다는 인상을 주었을 것이다.

과거에 근거한 동기부여

과거에 관련된 동기부여를 이야기하면서 내가 주로 염두에 두는 것은 도덕적 행위가 하나님에 대한 감사에서 우러나와야 한다는 개념이다. 이는 구약성경과 신약성경 모두의 공통된 주제로, 도덕적 행위는 우리가 하나님에게 감사해야 하기에 도덕적이어야 한다는 말로 동기부여 된다. 도덕적 행위는 하나님에 대한 감사에서 우러나와야 한다. 물론 이렇게 반응할 수 있다. '맞는 말이다. 하지만 우리가 왜 감사해야 하는가? 감사 자체는 어떻게 동기부여 되거나 정당화될 수 있는가?' 그러나 구약성경은 받은 친절에 감사해야 하는 의무를 자명하게, 아마도 사실상 자연법에 속하는 의무 중 하나로 여기면서 이 질문을 다루지 않는다. 감사해야 하는 의무 너머나 그 이면을 살펴야 한다고 생각하는 구약 저자는 찾아볼 수 없다. 구약 저자들은 일단 하나님이 이스라엘을 위해 하신 일 때문에 도덕적으로 행동해야 한다고 말한 후, 그 정도에서 논의를 멈추는 것에 만족한다.

하나님이 행하신 일에 감사하라는 호소의 전형적인 예를 다시 신명기 10-11장에서 찾아볼 수 있다.

이스라엘아, 네 하나님 여호와께서 네게 요구하시는 것이 무엇이냐? 곧 네 하나님 여호와를 경외하여 그의 모든 도를 행하고 그를 사랑하며 마음을 다하고 뜻을 다하여 네 하나님 여호와를 섬기고 내가 오늘 네 행복을 위하여 네게 명하는 여호와의 명령과 규례를 지킬 것이 아니냐?

하늘과 모든 하늘의 하늘과 땅과 그 위의 만물은 본래 네 하나님 여호와께 속한 것이로되 여호와께서 오직 네 조상들을 기뻐하시고 그들을 사랑하사 그들의 후손인 너희를 만민 중에서 택하셨음이 오늘과 같으니라.…네 하나님 여호와를 경외하여 그를 섬기며 그에게 의지하고 그의 이름으로 맹세하라. 그는 네 찬송이시요, 네 하나님이시라. 네 눈으로 본 이같이 크고 두려운 일을 너를 위하여 행하셨느니라. 애굽에 내려간 네 조상들이 겨우 칠십 인이었으나 이제는 네 하나님 여호와께서 너를 하늘의 별같이 많게 하셨느니라. (신 10:12-15, 20-22)

우리는 하나님이 주시는 법들에 순종해야 한다. 단지 그분이 주셨기 때문이 아니라, 그분이 과거에 자기 백성에게 베푸신 선한 일에 따라 요구하실 권리가 있기 때문이다. 이러한 개념은 예언서에서도 흔히 볼 수 있는데, 예언서에서 이스라엘은 감사하지 않기 때문에 지속적으로 징계를 받는다. 서구의 예전(禮典) 전통에서 성금요일에 사용되는 비탄의 노래(Reproaches)의 원천인 미가서에 나오는 유명한 구절처럼 말이다. "이르시기를, '내 백성아, 내가 무엇을 네게 행하였으며 무슨 일로 너를 괴롭게 하였느냐? 너는 내게 증언하라. 내가 너를 애굽 땅에서 인도해 내어 종 노릇 하는 집에서 속량하였고 모세와 아론과 미리암을 네 앞에 보냈느니라'"(미 6:3-4). 아마도 예레미야 애가와 동시대, 즉 예루살렘이 바벨론에게 망한 6세기 초의 본문인 이사야 63:7-64:12의 잊히지 않는 애가와도 비교해 보라.

그가 말씀하시되, "그들은 실로 나의 백성이요, 거짓을 행하지 아니하는 자녀라" 하시고 그들의 구원자가 되사 그들의 모든 환난에 동참하사[4] 자기 앞의 사자로 하여금 그들을 구원하시며 그의 사랑과 그의 자비로 그들을 구원하시고 옛적 모든 날에 그들을 드시며 안으셨으나 그들이 반역하여 주의 성령을 근심하게 하였으므로. (사 63:8-10)

감사에서 우러나온 순종을 도덕적 행위의 기초로 삼는 개념은 구약성경 많은 부분의 토대를 이룬다. 사실상 이 개념이 전적으로 결여된 곳은 오직 초기 지혜 문학뿐일 것이다. 이 개념은 언약의 뿌리에 놓여 있다. 언약은 야웨가 먼저 행한 구원 행위에 바탕을 둔 야웨와 이스라엘 사이의 계약이며, 야웨가 이스라엘을 구원했기에 그분은 이스라엘에게 주의를 기울이고 충성하라고 요구할 권리가 있다. 언약을 다루는 텍스트 안에서 야웨가 베푼 이전의 친절을 상기시키는 것과 더불어 바람직한 미래의 번영에 대한 호소가 있는 것은 사실이다. 특히 구약성경의 가장 빼어난 언약 본문인 신명기에서 그러하다. 그러나 신명기의 꽤 복잡한 진술의 논리는, 이스라엘은 무엇보다 먼저 야웨가 이미 그들을 위해 행하신 일 때문에 야웨께 순종해야 하며, 그 후 이차적으로 추가적인 축복을 받을 기대를 품고 야웨께 순종해야 한다는 것이다. 생각의 흐름은 이렇다. 당신은 노력이나 공로에 기인하지 않은 야웨와의 특별한 관계 속에 있으며 감사에서 우러나오는 순종을 해야 한다. 그럼에도 불구하고 그 언약 관계가 과거에서처럼 미래에도 행복하게 지속되게 하려면, 하나님은 자신이 자유롭게 창조하신 것을 자유롭게 파괴하실 수도 있음을 명심하고 그분에 대한 충성스런 순종 안에 계속 머무르도록 유의하라.

예상되는 미래의 유익으로 인한 동기부여보다 감사가 앞선다는 (또는 앞서도록 되어 있다는) 사실을 확립하는 것은 꽤 중요하다. 왜냐하면 이것이 다양한 신약 본문을 해석하는 데 영향을 미치기 때문이다. 신약학자 E. P. 샌더스(Sanders)의 위대한 업적 중 하나는 흔히 바울 연구에서 받게 되는 인상, 즉 바울 시대의 유대교가 하나님이 주실 유익을 위해 하나님을 섬기고 하나님에 대한 인간의 순종에 축복 여부가 달려 있다고 믿었던, 하나님과 거래하는 종교였다는 인상을 교정한 것이다. 그리스도인들은 이를 여러 세대 동안 '바리새주의', 즉 하나님이 당신을 조금이라도 인지하기 전에 당신이 선한 일을 해야 한다는 인색하고 사실상 구원을 획득해야 하는 종교라고 생각해 왔다. 샌더스는 바울과 동시대 유대인들도 현대의 그리스도인만큼이나 하나님이 이스라엘과 맺으신 언약에 대한 그런 개념을 끔찍하게 여겼음을 보여 주었다.[5] 만약 초대교회 안에서 진정한 종교가 그런 것이라는 개념과 싸워야 했다면, 이는 분명 기독교 내부의 왜곡으로 생겨났을 것이다. 왜냐하면 명백히 유대교 안에서는 그런 생각을 찾을 수 없기 때문이다. 유대인에게는 하나님이 이스라엘을 선택하신 것이 이스라엘이 행했을 법한 어떤 선행보다 앞선다는 것이 자명한 공리다. 신명기가 이렇게 표현하듯이 말이다. "그러므로 네가 알 것은 네 하나님 여호와께서 네게 이 아름다운 땅을 기업으로 주신 것이 네 공의로 말미암음이 아니니라. 너는 목이 곧은 백성이니라"(신 9:6). 참으로 이스라엘에게 많은 계명이 주어졌지만, 그 계명들은 야웨가 사랑하신 결과이지 사랑을 받기 위한 전제 조건이 아니다. 바울이 그랬듯이, 유대인들은 하나님이 자기 백성을 향해 아주 엄중한 요구를 하셨지만 그것이 그들을 기꺼이 축복하시게끔 만드는 조건은 아니라고 믿었다. 오히려 그 요구는 그들을 향한 하나님의 전적으로 자유로운 사랑에 대해 하나님께 감사를 표현할 수 있는 방법이었다. 신명기가 강조하듯, 율법에 대한 순종은 하나님이 이스라엘을 위해 행하신 일과 비교할 때 매우 미미한 요구에 불과했다. "이스라엘아, 네 하나님 여호와께서 네게 요구하시는 것이 무엇이냐? 곧 네 하나님 여호와를 경외하여 그의 모든 도를 행하고 그를 사랑하며 마음을 다하고 뜻을 다하여 네 하나님 여호와를 섬기고 내가 오늘 네 행복을 위하여 네게 명하는 여호와의 명령과 규례를 지킬 것이 아니냐?"(신 10:12-13)

현재에 근거한 동기부여

이렇게 윤리적 행동에 대한 세 번째 종류의 동기부여, 곧 내가 현재에 근거한 동기부여라 부른 것으로 자연스럽게 이어진다. 신명기에서 이스라엘이 순종해야 하는 법이 그들의 유익을 위한 것이라고 주장할 때, 이는 도덕적 행동이 그 자체로 비도덕적 행동보다 바람직하다고 말하는 것과 같다. 하나님이 이스라엘에게 주신 것 같은 법을 소유하고 유지하는 것은 유익하다. 율법을 지키는 일은 그 자체로 기쁨이어야 한다. 이는 다니엘서와 욥기에 나오는 것처럼 동기부여가 필요 없다고 생각하는 태도와 비슷하기는 하지만 완전히 같지는 않다. 오히려 이 태도는 선행에 대한 보상이 **있지만** 그것이 율법을 지키는 삶에 본래 내재되어 있으며 외부적 유익이 없더라도 선한 행동을 하는 사람을 행복하게 만든다고 생각한다. 신명기는 이를 꽤 명확하게 이야기한다. "내가 나의 하나님 여호와께서 명령하신 대로 규례와 법도를 너희에게 가르쳤나니 이는 너희가 들어가서 기업으로 차지할 땅에서 그대로 행하게 하려 함인즉 너희는 지켜 행하라. 이것이 여러 민족 앞에서 너희의 지혜요, 너희의 지식이라. 그들이 이 모든 규례를 듣고 이르기를 '이 큰 나라 사람은 과연 지혜와 지식이 있는 백성이로다' 하리라. 우리 하나님 여호와께서 우리가 그에게 기도할 때마다 우리에게 가까이 하심과 같이 그 신이 가까이 함을 얻은 큰 나라가 어디 있느냐? 오늘 내가 너희에게 선포하는 이 율법과 같이 그 규례와 법도가 공의로운 큰 나라가 어디 있느냐?"(신 4:5-8)

그러나 율법의 본래적인 아름다움과 완전함에 근거해 율법을 지키는 이런 종류의 동기부여를 주로 발견할 수 있는 곳은 시편으로, 시편 19편이 가장 분명한 예다. "여호와의 율법은 완전하여 영혼을 소성시키며 여호와의 증거는 확실하여 우둔한 자를 지혜롭게 하며 여호와의 교훈은 정직하여 마음을 기쁘게 하고 여호와의 계명은 순결하여 눈을 밝게 하시도다. 여호와를 경외하는 도는 정결하여 영원까지 이르고 여호와의 법도 진실하여 다 의로우니, 금 곧 많은 순금보다 더 사모할 것이며 꿀과 송이꿀보다 더 달도다"(시 19:7-10). 그리고 시편 119편의 176절 전체가 토라의 영성이라 부를 만한 것을 발전시킨다. 그 안에서 하나님 율법의 아름다움을 묵상하는 것은 신비주의적 경험에 이르는 길이라고도 할 수 있다. "내가 나의 입을 열어, 나의 숨을 들이켰습니다. 나는 당신의 율법을 갈망하기 때문입니다"(시 119:131, 저자 사역), "사람이 많은 탈취물을 얻은 것처럼 나는 주의 말씀을 즐거워하나이다"(시 119:162).

C. S. 루이스(Lewis)는 『시편사색』(Reflections on the Psalms, 홍성사)에서 이 율법신비주의(law-mysticism)에 관한 탁월한 장을 쓰면서,[6] 유대 전통 바깥에 있는 문학 작품인 라신(Racine)의 비극 〈아탈리〉(Athalie)에 나오는 가장 세련되고 공감을 잘 자아내는 율법신비주의 표현 하나를 들었다. 그 비극의 1막 끝부분에서 레위 지파 소녀 합창단은 "오 신성한, 오 매력적인 율법이여"라는 멋진 가사를 담은, 율법을 칭송하는 찬송가를 노래한다[원래 불어 가사의 'charmante'라는 단어의 번역으로는 '매력적인'(charming)보다 '호감 가는'(desirable)이 나아 보인다]. 그 찬송은 하나님의 계명을 지킴으로 하나님을 섬기는 즐거움을 말하는 것으로 이어진다. "그분이 그분의 율법을 우리에게 주시고 자기 자신을 우리에게 주셨기" 때문이다. 참으로 하나님은 율법을 우리에게 주심으로 그분 자신을 우리에게 주신다. 율법은 하나님이 우리에게 당신을 알리실 때 취하시는 형태다. 몇몇 초기 그리스도인들이 율법 기독론(law christology)을 발전시킨 듯이 보이는 것도 놀랍지 않다. 만약 하나님을 그리스도 안에서 만나야 한다면, 반드시 어떤 의미에서 그리스도는 토라와 동일해야 한다. 토라가 하나님

을 만나는 곳이었기 때문이다. 이는 무슨 결과가 따라오든 말든 상관없이, 표현된 하나님의 뜻을 사람들이 따라 살도록 의도된 길이자 그들에게 온전하고 유일한 선함이 되는 길로 여기며, 그 가치를 매우 높게 평가한다는 사실을 함의한다.

결론

이 장에서는 구약성경에서 어떻게 도덕적 행위에 동기를 부여하고 '왜 우리는 도덕적이어야 하는가?'라는 질문에 어떻게 답변하는지를 보여 주려 했다. 살펴본 입장들 중에는 복잡한 것도 있지만 모두 과거, 현재, 미래를 동기부여가 도출되는 참조점으로 삼는 단순한 체계 안에 위치시킬 수 있다. 비록 철학적으로 사고하지는 않지만, 구약성경은 독자들에게 도덕적으로 행동할 만한 적절한 이유를 제시하려는 가운데 이른바 유사철학적 사고방식을 사용한다. 이는 단순히 선언이나 강권에 의존하는 방식과는 거리가 멀다.

이 책에서 살펴본 주제에 관해서도 일반적으로 이렇게 말할 수 있다. 물론 구약성경이 우리와 동떨어져 있고 이질적이며, 그리스인에게 빚진 철학적 분석의 정교한 힘을 아직 발전시키지 못한 문화에서 왔다는 사실은 인정해야 한다. 그러나 이를 인정할 때도, 우리가 구약성경에서 접하는 것이 그저 비철학적인 것만이 전혀 아님을 즉각 깨닫게 된다. 조잡하거나 어설픈 것과는 더욱 거리가 멀다. 구약성경에 담긴 대부분의 책들은 지성이 뛰어난 사람들이 저술했는데, 그들은 윤리와 관련된 영역에 할 말이 있었다. 그리고 여전히 우리의 도덕적 탐구에 사고를 자극하며 많은 것을 시사해 준다. 나는 이 기록들의 영감에 관해 신학적 교리를 끌어들이는 일을 지속적으로 피하려 했다. 그 기록들이 그 자체의 용어를 통해 말하게 하고 싶었기 때문이다. 비록 그 때문에, 가령 위대한 그리스 비극 작가들의 희곡이나 플라톤과 아리스토텔레스의 철학서같이 주요한 고대의 고전 작품보다 구약 기록들이 오늘날 우리에게 더 큰 권위와 지위를 가져야 한다고 주장하지 못했지만, 최소한 구약성경이 그와 같은 부류에 속한다고 생각할 만한 이유들을 내가 제시했기를 바란다. 도덕적 삶을 영위하는 것이 무엇인지 우리가 스스로 설명하려 할 때, 구약 기록들은 충분히 면밀하고 호의적인 주목을 받을 만한 가치가 있다.

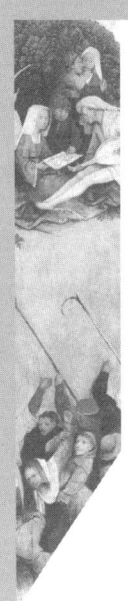

6

인간의 존엄성

성경 안에 있는 도덕적 가르침의 온갖 방대한 세부 사항의 저변과, 유대교와 기독교의 성경 이후 전통(post-scriptural tradition)이 발전시켜 온 가르침 안에는 미로를 안내하는 실처럼 우리를 이끄는 것이 있다. 바로 하나님이 인간에게 부여하고 최악의 위기 상황에서조차 결코 무시되어서는 안 되는, 인간의 존엄성이라는 확고한 비전에 대한 헌신이다. 성경의 거의 모든 도덕적 계율이 이를 설명하는 예로 사용될 수 있지만, 그중에서도 그 헌신이 특히 분명하게 드러나는 세 가지 영역에 대해 언급하고자 한다.

범죄와 처벌

현대의 독자들은 종종 범죄를 어떻게 다루어야 하는지에 대한 성경의 계율이 가혹하고 가차 없다고 생각한다. 그리고 물론 그 계율들은 현대 자유민주주의 사회와 유사한 어떤 것에서도 기원하지 않았다. 하지만 고대 세계라는 배경에 비추어 보면 그 계율들은 종종 놀라울 정도로 계몽되어 있다. 처벌에 대한 성경의 법률에서 주된 관심은, 범죄자가 적절한 처벌을 받아야 하지만 모욕당하거나 미국 법에서 볼 수 있는 이른바 '잔혹하고 통상적이지 않은 처벌'에 노출되어서는 안 된다는 것이다.

특히 메소포타미아의 법조문처럼 고대 문명에서 기원한 법조문을 읽으면 당장 그 차이가 명백해진다. 메소포타미아 사회에는 범죄에 대한 처벌로 팔다리가 잘린 사람들이 많았을 것이고, 팔다리뿐 아니라 귀나 코, 입술이 잘린 사람도 있었을 것이다. 현대의 몇몇 나라나, 가깝게는 17-18세기의 (기독교 국가) 잉글랜드에서도 마찬가지였다. 당시 잉글랜드에서는 신체 절단이 통상적 처벌 형태였다. 그러나 히브리법은 한 가지 사소한 예외(신 25:11-12, 그러나 이 법을 실행한 사례는 기록되어 있지 않다)를 제외하면 신체 절단을 처벌의 형태로 여기지 않았다. 히브리법은 중범죄자라 하더라도 그를 조각낼 수 있는 물리적 대상으로 취급하는 것은 부적절하다고 보았으며, 신체적 온전함이 존중되어야 하는 인간으로 여겼다.

물론 '눈에는 눈, 이에는 이' 같은 유명한 법 조항이 있지만(출 21:23-24; 레 24:19-20; 신 19:21), 그 조항이 실제로 적용되어 실행된 경우는 성경에 하나도 없다. 아마도 한때는 적용되었을 수 있다. 그렇지 않았다면 이 규정은 전혀 존재하지 않았을 테니 말이다. 그렇지만 우리가 재구성할 수 있을 만한 가장 초기의 고대 이스라엘 사회에서는 이미 문자적인 의미로는 폐기된 조항이었다. 시간이 지난 후에 이 조항은 통상적으로 처벌이 반드시 타당해야 한다는 의미로 해석되었다. 즉, 각 범죄를 다루는 정도는 범죄의 심각성에 적합해야 하며 배상을 위한 적당한 협상액을 규정해야 하지, 폭력적인 범죄자라 하더라도 문자적으로 그가 저지른 것과 완전히 동일한 상해를 보복적으로 강제하여 되갚는다는 의미로는 결코 해석되지 않았다.

신체적 처벌은 서른아홉 대를 때리는 것을 넘지 말아야 한다는 이후의 주장에도 같은 원리가 들어 있다. 나이가 아주 많지 않은 사람이라도 영국의 감옥과 악명 높게도 학교들에 체벌이 여전히 존재했던 때를 기억할 수 있겠지만, 많은 사람에게 체벌 자체는 야만적으로 느껴진다. 그러나 그것이 당연하게 여겨지는 문화에서 그 한계를 정한 것은, 처벌할 때조차 범죄자의 인간됨이 존중되어야 한다는 강력한 주장이다. 최악의 범죄자도 여전히 인간이다. 범죄자를 신체적으로 망가뜨려 그의 존엄성을 파괴해서는 안 된다.

여기서 주목할 것은 단순히 인간 존엄성에 대한 인식 자체가 아니라 그 저변의 종교적 전제다. 메소포타미아 문명 안에는 인간에 대한 두 가지 기본 전제가 있다. 하나는 신들이 인간을 어떤 친절한 의도가 아니라 자기들의 노동 부담을 덜기 위해서 창조했다는 전제다. 남자와 여자는 신들의 노예이며, 이것이 바로 사람의 존재 이유(raison d'être) 전부다. 사람은 권리는 없고 단지 의무만 있다. 섬기는 것을 제외하고는 아무런 역할이 없다. 땅에서 신을 대표하는 자들, 즉 왕과 그 밖의 통치자들은 자기 아랫사람을 경멸하며 다룰 권리가 있다는 점에서 신과 같았다. 히브리 전통은 이런 식의 사고방식 전체를 거부했다. 거기에는 노예의 도움이 필요하다고 여길 만한 신들은 없고, 인간을 도구가 아니라 친구이자 함께 일하는 존재로 원하는 주권자 한 분 하나님만 계셨기 때문이다. 이 고상한 이상은 창세기 처음부터 히브리어 성경에 확고히 새겨져 있다.

또 다른 고대의 일반적인 전제는 이른바 카스트 제도가 자연 질서 안에 원래 들어 있어서, 인간 사회가 본질적으로 계층화되어 있다는 것이다. 귀족과 평민에게는 다른 규칙이 적용되고, 평민이라면 사형될 만한 폭행도 귀족은 거의 벌을 받지 않고 저지를 수 있다. 성경에는 이 모두가 제거되어, 범죄와 관련된 계급 체제가 없으며 심지어 노예도(노예가 계속 존재한 것은 분명하다) 기본 권리가 있어서 단순히 물건처럼 취급할 수 없었다.

살인

성경이 인간의 존엄성을 보호한다고 주장하려는 두 번째 영역은 표면적으로는 이상해 보일 것이다. 왜냐하면 살인의 경우에는 성경이 사형을 주장하기 때문이다. 이는 시내 산에서 율법이 수여되기 이전, 노아가 받은 명령에 이미 존재한다. 따라서 이 영역은 유대 전통 속에서 유대인뿐 아니라 이방인에게도 의무로 지워지는 율법의 일부다. "다른 사람의 피를 흘리면 그 사람의 피도 흘릴 것이니 이는 하나님이 자기 형상대로 사람을 지으셨음이니라"(창 9:6).

알다시피 미국의 일부 주에서는 여전히 꽤 열정적으로 시행되고 있을지라도 사형제는 더 이상 서구 유럽 문화의 일부가 아니다. 하지만 이 성경 본문의 맥락에서, 사형의 목적은 냉혹한 정의 표현이 아니라 인간 주체의 존엄성에 대한 거듭된 강조였다. 고대 이스라엘에 잘 알려진 대부분의 문화에서는 살인에 대한 처벌이 희생자와 살인자 각자의 사회적 지위에 결정적으로 달려 있었다. 즉, 인간의 생명 —누구의 어떤 생명이든—을 취하는 것이 그 자체로 창조자에 반하는 범죄이고 따라서 궁극적인 처벌로 끝나야 한다는 인식이 없었다. 보통 고대 세계에서 살인을 저지른 사람은 다른 사람이나 재산에 대한 범죄와 마찬가지로 벌금을 지불했다.

히브리어 성경은 살인이 자체의 범주가 따로 있다는 인식을 표명한다. 왜냐하면 살인은 하나님의 형상으로 만들어진 사람, 즉 세상의 구조 유지에 동참하는 하나님의 잠재적인 파트너이자 하나님의 모습을 닮은 인격적 존재를 완전히 파괴하는 것이기 때문이다. 따라서 다른 범죄의 경우라면 가능할 법한 대가 협상이 살인의 경우에는 있을 수 없었다. 이는 당시의 문화적 맥락에서 독특한 통찰이다. 인간 생명의 잠재 능력에 대한 비전은 인류의 도덕적 비전에 대한 이스라엘의 공헌 중 하나로, 성경은 이러한 점에서 대항문화적이다.

고대 세계에서는 때로 어떤 부류의 사람들이 신의 '형상을 따르는' 존재로 여겨지곤 했다. 도상(iconography)은 메소포타미아의 왕과 그들이 섬긴 신들이 프리즈(frieze, 그림이나 조각으로 장식된 건축물의 띠 모양의 부분—옮긴이)와 그림에 나란히 등장하는 것을 분명하게 보여주는데, 신들이 약간 키가 더 크고 날개가 있다는 것을 제외하면 왕들과 동일하게 묘사되어 있다. 왕은 충분히 신의 '형상으로' 만들어졌을 법하다. 하지만 모든 인간, 즉 남자와 여자, 귀족과 자유 평민과 노예, 본토박이와 외국인, 동일한 종교인들과 다른 신앙을 가진 사람들, 이들 **모두가** 동등하게 하나님의 형상으로 만들어졌다는 개념은 성경의 매우 독특한 통찰이다. 이제까지 이 통찰이 요구하는 심각성을 완전히 받아들인 사람은 없었다고 말해도 무리는 아니다. 인간들은 '그들과 우리'를 나누는 태도 — 이는 자기와 다른 사람도 신의 형상을 온전히 가지고 있음을 인식하지 못하는 태도다 — 를 피하기가 거의 불가능함을 깨닫는다. 그러나 아마도 이 통찰에 인류의 미래가 달렸을 것이다.

용서

우리의 공통 자료(유대교와 기독교의 공통 자료인 구약성경 — 옮긴이)의 도덕적 비전에 대한 세 번째 예시는 범죄와 처벌의 영역을 벗어나 인간관계의 좀더 미묘한 분야로 옮겨 간다. 바로 인간 사회에서 용서의 현저한 중요성이다. 용서는 그리스도인들이 스스로 독점하고 있다고 여기는 경향이 있는 덕목 가운데 하나이며, 잘못을 범한 다른 사람을 용서하라는 명령은 의심할 바 없이 기독교 초기부터 그리스도인들에게 매우 강하게 심겨 있다. 누가복음은 예수님이 자신을 십자가에 못 박는 사람들의 용서를 위해 기도했다고 전한다(눅 23:34, 몇몇 고대 사본에는 이 구절이 없지만 말이다).

물론 그리스도인들이 용서의 중요성을 언제나 굳게 믿어 왔다고 해서 용서를 항상 능숙하게 실천했다는 뜻은 아니다. 명백히 그러지 않았다. 그리스도인들은 "너희 원수를 사랑하며 너희를 박해하는 자를 위하여 기도하라"(마 5:44), "누구든지 네 오른편 뺨을 치거든 왼편도 돌려 대며"(마 5:39), "너희가 사람의 잘못을 용서하면 너희 하늘 아버지께서도 너희 잘못을 용서하시려니와 너희가 사람의 잘못을 용서하지 아니하면 너희 아버지께서도 너희 잘못을 용서하지 아니하시리라"(마 6:14-15) 같은 예수님의 가르침을 실제 상황에서 전반적으로 무시해 왔다. "우리가 우리에게 죄지은 자를 사하여 준 것같이 우리 죄를 사하여 주시옵고"에 언급되는 사람들 사이의 용서가 사실상 주기도문에 포함된 유일한 윤리적 명령임에도 불구하고 말이다. 그렇지만 용서는 분명히 기독교 가르침의 중심 요소다.

그리스도인들은 유대교에서 용서를 가르치지 않는다고 믿는 경향이 있지만 그릇된 생각이다. 구약성경에 관한 한, 다른 사람을 용서하라는 실제 명령이 없는 것은 사실이다. 구약성경에서 말하는 용서란 항상 인간에 대한 하나님의 용서이지, 인간 상호 간의 용서는 거의 없다. 그러나 용서하는 태도를 요구하는 것이나 마찬가지인 두 개의 법 조항이 있다. 출애굽기 23:4-5은 누구든 자신을 미워하는 사람이나 원수의 소나 나귀가 어려운 처지에 놓인 것을 보면 도와줘야 한다고 명령하고, 레위기 19:18은 원한 품는 것을 금한다. 설령 용서는 아닐지라도 그와 매우 가까운 태도다.

하지만 어떤 경우든 다른 사람을 용서하는 것을 강조한 일은 분명 예수님이 맨 처음이 아니다. 정경에 들어가지는 못했지만 아주 중요하게 여겨진 책에 거의 같은 표현이 등장하기 때문이다. 유대교의 가르침을 담은 그 책은 주전 2세기에 쓰인 시라의 아들 예수의 지혜서다(벤 시라, 시락서, 때로 기독교 성경에서는 집회서 등으로 다양하게 알려져 있다). 여기에는 이런 내용이 등장한다.

보복하는 자는 주님의 보복을 받을 것이며
　주님께서 그의 죄를 엄격히 헤아리실 것이다.
이웃의 잘못을 용서해 주어라.
　그러면 네가 기도할 때에 네 죄도 사해질 것이다.
자기 이웃에 대해서 분노를 품고 있는 자가
　어떻게 주님의 용서를 기대할 수 있으랴?
남을 동정할 줄 모르는 자가
　어떻게 자기 죄에 대한 용서를 청할 수 있겠는가?
자기도 죄짓는 사람이 남에게 원한을 품는다면
　누가 그를 용서해 주겠는가?
네 종말을 생각하고 미움을 버려라.
　한번은 죽어 썩어질 것을 생각하고 계명에 충실하여라.
계명을 생각하고 네 이웃에게 원한을 품지 말아라.
　지극히 높으신 분의 계약을 생각하고 남의 잘못을 눈감아주어라.

(집회서 28:1-7, 공동번역)

비록 성경의 직접 명령에 기초하지는 않지만, 용서는 분명 성경 속 몇몇 내러티브의 주제다. 요셉과 그 형제들의 이야기(창 37-50장)에서 이야기의 전체적인 추동력은 자신에게 중대한 잘못을 범한 사람들을 용서할 수 있는 한 사람의 능력과, 복수하고자 하는 마음을 그렇게 단념할 때 흘러나올 수 있는 선과 관계되어 있다. 요셉의 삶은 형들의 악의와 질투로 망가져 버린 듯했으나, 하나님은 이집트에서 요셉의 최종적인 승격과 성공을 통해 태아처럼 이제 막 형성되고 있던 민족 전체를 구원하심으로 결과를 선하게 바꾸셨다. 요셉은 여전히 형들에게 책임을 묻고 자기에게 저지른 잘못을 복수하겠다고 강하게 고집할 수도 있었다. 하지만 그 대신에 그는 형들을 용서하고 기꺼이 이집트로 맞아들였다. 리처드 엘리엇 프리드먼(Richard Elliott Friedman)이 표현한 대로, 이 이야기는 "한 가족 안에서 기만과 잔인함이 곪아서 확산되는 것을 알려 주며…이를 전면적으로 멈출 가능성이 가장 높은 방법은 보상받을 권리가 있는 한 가족 구성원이 복수하지 않기로 선택하는 것이라는 사실을 전해 준다."1

결국 요셉의 용서 정신의 본질은 이제는 익숙해진 주제인 인간의 존엄성에 있다. 심지어 스스로 요셉의 원수가 되었던 자들까지 존엄하다. 나는 사람 사이의 용서에 대한 예시로 이 이야기를 특히 좋아하는데, 죄지은 형제들을 대하는 행동에서 요셉이 성인(聖人)이 아님이 드러난다는 점이 한 가지 이유다. 요셉은 형들의 잔인한 배신 때문에 자신이 얼마나 많은 고난을 겪었으며 아버지 야곱 또한 얼마나 많이 고통받았는지 깨달을 때까지 형들과 '고양이-쥐' 놀이를 하며 그들을 불안하게 만들고 무척 괴롭게 한다.

그러나 요셉이 그들을 최종적으로 용서한 것에는 의심의 여지가 없다. 이는 마치 그가 형들을 어떤 식으로든 사실상 거의 신경 쓰지 않았기 때문에 단순히 큰 아량을 베푼다는 식의 손쉬운 용서가 아니다. 그와 반대로, 그 용서는 대가가 크다. 그리고 용서가 행해지기 전 그는 스스로 눈물을 흘리며 무너졌다(창 45:2). 왜냐하면 요셉은 형들을 전적으로 자신과 같은 인간이며 자신에게 소중한 사람으로, 그 잘못된 행동은 절대적으로 문제이지만 또한 불완전한 세상에서 기대할 수 있는 정도 이상으로는 그러한 일들을 떨쳐 버리지 못하는 사람으로 보기 때문이다.

요셉은 형들을 도덕적 행위자로 진지하게 받아들인다. 비록 그들을 용서하는 과정 동안에는 괴로울 정도로 철저히 조사했지만, 그들을 그저 멸시할 만한 존재로 다루며 깔보지 않는다. 요셉에게는 그들의 참회뿐 아니라 개선도 중요하다. 이렇게 형들을 전적으로 책임 있는 도덕적 존재로 대하는 것이야말로 요셉이 그들에게 표할 수 있는 가장 큰 경의다. 다시금 우리는 인간의 존엄성에 대한 성경의 관심을 본다. 이는 하나님의 잠재적 대화 상대가 될 수 있는, 그래서 많은 것을 요구할 수 있는 존재로 여기는 인간에 대한 관심이다.

다른 관점에서 보면, 인간의 존엄성에 대한 구약의 생각이 너무 지나치지 않은지 의문이 들 수 있다! 구약의 생각은, 인류가 '타락'했고 하나님의 부르심에 응답해야 하지만 더 이상 그렇게 할 수 없는 상태라는 기독교의 생각과 양립할 수 있는가? 그리스도인들은 원래 창조 때 사람에게 주어졌던 존엄성이 박탈당했다고 주장하지 않는가? 우리가 분명 창조주와 존엄한 관계를 맺도록 창조되었음에도 불구하고, 죄 때문에 완전히 망가져 더 이상 하나님 앞에 존엄한 존재로

설 수 없는 벌레 같은 상태로 몰락했다고 믿는 사람도 있다.

이는 '원죄' 같은 개념을 일반적으로 받아들이지 않는 유대교 특유의 견해와 대조된다. 예를 들어, 흥미롭게도 유대교에서는 일반적으로 창세기 3장의 에덴동산 이야기를 온 인류의 '타락' 기사로 읽지 않는다. 그리고 구약의 나머지 부분 어디에서도 창세기 3장을 그런 식으로 언급하지 않음을 알 필요가 있다.[2] 어떤 그리스도인들이 받아들이는 인류의 죄성에 대한 급진적 교리는 분명 대부분의 유대교 가르침보다 더 멀리 나아간다. 물론, 예레미야 예언자는 "만물보다 거짓되고 심히 부패한 것은 마음"임을 인정한다(렘 17:9). 하지만 하나님이 부르실 때 응답하지 못할 만큼 부패하지는 않았고, 특히 누구도 그 부패를 하나님의 법을 준수하는 데 실패한 것에 대한 변명으로 삼지 말아야 한다. 어떤 윤리적 도전도 감당하기를 거부하는 도덕적 자기 연민 따위에 빠져 허우적거려서는 결코 안 된다. 유대교에서는 우리가 부패한 도덕성을 물려받았으므로 악행에 책임이 없다는 생각을 수용하지 않을 것이며 모두가 자신의 도덕적 삶을 책임지기를 요구한다. 이 점에서 유대교가 인간의 존엄성에 대한 구약의 강조를 기독교의 여러 입장보다 더 잘 보존했다고 할 수 있다.

많은 그리스도인은 인류가 '타락'했다는 단호한 인식을 포기하지는 않으면서도, 인간 가치를 인식할 것을 다시금 강조하여 때로 스며드는 과도한 참회주의(penitentialism)와 도덕적 비관주의를 멀리한다. 인간의 존엄성과 가치를 너무 낮게 평가하면 종종 그렇게 되었듯이 인권 경시로 이어질 수 있다. 그 결과는 엄청난 잔인함이었다. 역설적이게도 인간의 죄성에 대한 신념은 회개로 이어지는 것이 아니라, 인간적으로 대우받을 권리와 너무나 동떨어져 보이는 사람에 대한 억압으로 이어질 수 있다. 요즘의 많은 그리스도인은 인간 속 하나님의 형상이 상실되었다는 생각을 거부할 것이다. 오히려, 우리가 하나님의 모든 피조물과 특히 동료 인간의 삶을 더 낫게 만들고자 하나님과 함께 일하도록 의도된 존재이며, 도덕적으로 책임을 지는 존재의 특징을 하나님과 공유한다고 보는 것은 인간에 관한 놓칠 수 없는 사실이다. 도덕적 무능 같은 것에 호소함으로 이를 피할 수는 없으며, 기독교 교회에서 구약성경을 잊지 않고 간직하는 것은 인간의 가치에 대한 적절한 인식을 확실하게 유지하는 한 방법이다.

동시에, 그리스도인들은 진정한 도덕적 응답이 오직 우리에게 그분을 섬길 의지와 능력을 주시는 하나님의 은혜와 힘을 통해 온다고 계속 주장할 것 같다. 결국 이 또한 훌륭한 예언적 통찰이다. 사람의 마음이 부패했다고 말하는 바로 그 예레미야가 이어서 자기 백성의 마음에 자신의 법을 기록하는 하나님에 대해 말한다. 그 목적은 그들이 하나님께 반응하게 되는 것이다. 이것은 하나님 자신이 그들을 반응할 수 있도록 하시기 때문에 가능하다(렘 31:31-34). 하나님이 자신의 백성과 맺은 바로 그 언약은, 비록 그들의 순종 행위를 통해 지키도록 요구되더라도, 근원적으로 하나님의 선물이다. 백성을 향한 하나님의 사랑이 이편의 어떠한 응답보다도 우선하며, 필요한 순간에 그 응답을 가능하게 하는 데 도움이 된다. 세부 사항에서 의견이 다르기는 하지만, 이 점에서 유대인과 그리스도인 사이에 본질적 차이는 전혀 없다.

우리가 도덕적으로 행동할 때 협력 관계를 맺는 하나님은 항상 우리보다 앞서 거기 계시는 분이다. 우리가 가진 것 중에 하나님으로부터 온 선물이 아닌 것이 하나도 없다는 의미에서 그렇다. 심지어 도덕적 민감성도 하나님의 선물이다. 그러나 하나님은 당신이 우리에게 주신 존엄성을 존중하시기 때문에, 우리의 응답을 기다리시고 협력을 강요하지 않으신다. 하나님은 우리가 자유로운 도덕적 존재가 되도록 허용하신다. 우리가 어떻게 결정하느냐는 무한히 중요하다. 동료 인간의 유익을 위해 지극히 단순한 선한 행동을 하면서, 우리는 하늘의 뜻을 증진하고 자유로운 행위자로서의 지위를 확인한다. 그러한 우리는, 주전 1세기 솔로몬의 지혜서라 불리는 책에 따르면 "하나님 자신의 영원한 형상"(지혜서 2:23)으로 우리를 만드신 분과 사랑의 협력 관계 안에 있다. 히브리어 성경 또는 구약성경을 공유하는 그리스도인과 유대인은 또한 인간이 된다는 것이 무엇인지에 관한 숭고한 비전을 공유한다.

여호와 우리 주여,
  주의 이름이 온 땅에 어찌 그리 아름다운지요!
주의 영광이 하늘을 덮었나이다.…

주의 손가락으로 만드신 주의 하늘과
  주께서 베풀어 두신 달과 별들을 내가 보오니,

사람이 무엇이기에 주께서 그를 생각하시며

　인자가 무엇이기에 주께서 그를 돌보시나이까?

그를 하나님보다 조금 못하게 하시고

　영화와 존귀로 관을 씌우셨나이다.

주의 손으로 만드신 것을 다스리게 하시고

　만물을 그의 발아래 두셨으니,

곧 모든 소와 양과

　들짐승이며

공중의 새와 바다의 물고기와

　바닷길에 다니는 것이니이다. (시 8편)

주

1. 구약 윤리의 생명력
1) Andrew Brown in the *Church Times*, 15 November 1996.
2) Martha C. Nussbaum, *The Fragility of Goodness: Luck and Ethics in Greek Tragedy and Philosophy*, CUP 1986.
3) Martha C. Nussbaum, *Love's Knowledge: Essays on Philosophy and Literature*, OUP 1990.
4) *The Fragility of Goodness*, p. 505. 언급된 출처는 아리스토텔레스의 『니코마코스 윤리학』(*Nicomachean Ethics*, 도서출판 숲)이다.

2. 윤리와 이야기
1) Stanley E. Hauerwas, *The Peaceable Kingdom*, SCM Press 1984 and University of Notre Dame Press 1983을 보라.
2) *The Fragility of Goodness*, pp. 300f.
3) 하우어워스는 분명 하나님에 대해 관심을 기울인다. 성경이 하나님이 쓰신 이야기라면 인물보다 '구성'(plot)이 더 중요할 것이다. 반면 인간 역사의 방향에 대한 신학적 관심이 없는 누스바움에게는 인물이 더 중요하다. 이 점을 지적해 준 데이비드 라이머(David Reimer)에게 감사한다.
4) 마이어 스턴버그(Meir Sternberg)는 이와 관련된 다양한 가능성에 대해 길게 논의한다. Meir Sternberg, *The Poetics of Biblical Literature*, Indiana University Press 1985.
5) *Love's Knowledge*, pp. 354-355를 보라.

3. 세 가지 윤리적 문제
1) Phyllis Trible, *Texts of Terror*, SCM Press 1992 and Fortress Press 1984를 보라.

4. 하나님의 명령인가 자연법인가

1) James Barr, *Biblical Faith and Natural Theology* (The Gifford Lectures for 1991), Clarendon Press 1993을 보라.
2) W. C. Spohn, *What are They Saying about Scripture and Ethics?*, Paulist Press, New York 1984, pp. 36-53.
3) John Barton, *Amos' Oracles against the Nations*, CUP 1980을 보라.
4) H. H. Schmid, *Wesen und Geschichte der Weisheit. Eine Untersuchung zur altorientalischen und israelitischen Weisheits literatur*, Berlin 1966.
5) M. Douglas, *Purity and Danger: An Analysis of Concepts of Pollution and Taboo*, Penguin Books 1970. 『순수와 위험』(현대미학사).

5. 우리는 왜 도덕적이어야 하는가

1) John Barton, "Natural Law and Poetic Justice in the Old Testament", *Journal of Theological Studies* 30 (1979), pp. 1-14를 보라.
2) Walter Eichrodt, *Theology of the Old Testament*, Vol. 2, London: SCM Press and Westminster Press 1967, pp. 316-379. 『구약성서신학 2』(크리스천다이제스트).
3) 하지만 하박국 3:17-18에도 사심 없는 경건이 나온다는 제안이 있다.

> 비록 무화과나무가 무성하지 못하며,
> 포도나무에 열매가 없으며,
> 감람나무에 소출이 없으며,
> 밭에 먹을 것이 없으며,
> 우리에 양이 없으며,
> 외양간에 소가 없을지라도
> 나는 여호와로 말미암아 즐거워하며,
> 나의 구원의 하나님으로 말미암아 기뻐하리로다.

이 본문이 포함되어야 한다고 제안해 준 데이비드 라이머에게 감사한다.
4) 이 본문의 의미는 분명하지 않다. 최근의 번역은 "그가 그들의 모든 환난 속에서 그들의 구원자가 되셨다"(he became their Saviour in all their afflictions)라고 되어 있다(NRSV).
5) E. P. Sanders, *Paul and Palestinian Judaism*, SCM Press and Fortress Press 1977과 *Paul, the Law, and the Jewish People*, SCM Press and Fortress Press 1985을

보라. 『바울, 율법, 유대인』(크리스천다이제스트).
6) C. S. Lewis, *Reflections on the Psalms*, Fontana 1958, pp. 49-57. 『시편사색』(홍성사).

6. 인간의 존엄성
1) R. E. Friedman, *The Hidden Book in the Bible*, Profile Books 1999.
2) James Barr, *The Garden of Eden and the Hope of Immortality*, SCM Press 1992를 보라.

해설 하나님이 창조하신 온 세상을 위한 구약 윤리[1]

전성민 (밴쿠버기독교세계관대학원)

구약 윤리에 관심을 갖는 사람들은 구체적 문제를 논의하기에 앞서 다음 세 가지 질문에 직면하게 된다. 첫째, 구약 윤리는 현대 사회에 여전히 의미가 있는가? 현대의 윤리 문제에 대한 직접적인 답변이나 간접적인 통찰을 얻기 위해 2천 년 이상 오래된 구약성경을 연구하는 것은 헛수고가 아닌가? 둘째, 구약 윤리를 말하는 것은 율법주의가 아닌가? 첫 번째 질문이 역사적 문제라면 이 질문은 신학적 문제다. 과연 소위 은혜의 시대를 사는 그리스도인이 자신의 삶과 행동의 지침을 얻기 위해 '폐기된' 율법으로 가득한 구약을 살펴도 되는가? 셋째, 구약 윤리를 신앙 공동체가 아닌 일반 세상에 적용할 수 있는가? 모든 구성원이 같은 신앙을 가지고 있지 않은 다원화된 포스트모던 사회에서, 구약성경이라는 특정 종교(유대교와 기독교)의 경전이 어떻게 보편적 규범이 될 수 있는가? 존 바턴의 『온 세상을 위한 구약 윤리』는 구약 윤리의 방법론에 관한 이러한 질문들에 매우

---

[1] 이 해설에는 역자가 2007년 10월 4일 제74차 한국구약학회 추계학술대회에서 논평으로 사용했던 원고가 그대로 사용된 부분들이 있음을 밝힌다. 아울러 이 번역은 역자의 구약 윤리 수업을 수강했던 여러 학생들, 특히 강정국, 고영근, 김기영, 손주환, 이민욱, 이지영, 형성민의 초역으로 시작되었다. 이에 감사를 표한다. 초역의 흔적이 남아 있는 부분이 있겠지만, 역자가 모든 부분을 확인, 수정, 재번역했기에 번역의 책임은 전적으로 역자에게 있다.

유용한 통찰을 제공한다.

구약 윤리의 과제: 서술의 중요성

첫 번째 질문은 구약 시대의 문화가 지금 우리가 살고 있는 시대의 문화와 다르다는 사실에서 나온다. 예를 들어, 구약성경에 나오는 노예 제도나 가부장제 문화 등은 우리의 문화와 다를 뿐 아니라 지금은 윤리적이지도 않아 보인다. 그런데 구약성경은 표면적으로 이런 제도나 문화를 수용하고 있다. 그렇다면 과연 구약성경에 담겨 있는 윤리는 이제 더 이상 의미가 없는 구식이거나, 심하게는 현대의 비윤리적 문화, 제도, 행동, 태도 등을 종교의 이름으로 정당화하는 구실이 되어 버리지는 않았는가? 이 책의 1장은 이런 문제를 주로 다룬다. 저자는 이러한 문제의식이 타당하다고 인정한다. 그러나 아무리 오래된 고전이라도 그것이 조명하는 인간의 본성이 여전히 의미 있게 다가온다면, 구약성경 역시 오늘날에 의미가 있다고 주장한다.

사실 구약 윤리는 '윤리'라는 학문의 특성상 적용에 주로 관심을 기울이는 규범적 경향을 띠기 쉽다. 당장 닥친 현실에 대해 성경이 어떠한 답을 내려 주기를 기대하며 구약성경을 연구하는 경우가 많다. 그러나 구약 윤리는 적용에 관한 것만이 아니다. 서술과 종합이 적용만큼 중요하다.[2] 서술은 주어진 구약 본문을 석의(exegesis)하거

---

2) J. Gary Millar, *Now Choose Life: Theology and Ethics in Deuteronomy* (New Studies in Biblical Theology, Grand Rapids: Eerdmans, 1998), pp. 18-19를 참고하라.

나, 성경 본문 또는 성경 이외의 자료를 가지고 고대 이스라엘의 도덕을 재구성하는 것을 말한다. 종합은 여러 본문의 분석을 통해 얻어진 다양한 윤리적 입장을 근거로 "총체적인 윤리적 관점"[3]을 구축하는 것을 가리킨다. 본문의 의미를 원래의 배경 속에서 탐구해야 한다는 성경해석학의 기본 원리는 구약성경과 관련된 어떤 작업에도 근본이 되어야 하며 구약 윤리 연구도 예외가 아니다. 그러나 적용에 관심을 가지게 만드는 '윤리'라는 학문의 특성은 본문과 배경에 대한 치밀한 서술과 분석, 균형 있는 종합을 놓치게 만들 수 있다. 크리스토퍼 라이트(Christopher J. H. Wright)의 표현을 빌자면, 지루하게 느껴질 수 있는 분석과 우유부단해 보일 수 있는 종합을 결여한 채 벌어지는 적용에 대한 논의는 빠른 지름길(short cut)처럼 보이더라도 결국에는 '합선'(short circuit)으로 끝난다.[4] 바턴의 이 책은 서술이 얼마나 중요한지를 잘 보여 준다. 예컨대 3장에서 생태학과 성 윤리와 소유 등 구체적 윤리 이슈를 다룰 때, 그는 우선 구약성경이 이 문제들에 대해 어떻게 말하는지를 충실히 서술하려고 한다. 적용에 대한 관심을 잠시 내려놓고 구약 자체를 그 배경 속에서 면밀히 살필 때, 우리는 오히려 현대에 적용되는 윤리적 통찰을 더욱 많이 만날 수 있을 것이다.

---

3) Oliver O'Donovan, *Resurrection and Moral Order: An Outline for Evangelical Ethics* (Leicester: Inter-Varsity Press, 1986), p. 200을 참고하라.
4) 이러한 적용에 대한 성급한 추구가 가져오는 바람직하지 못한 상황이 크리스토퍼 라이트의 『현대를 위한 구약 윤리』(*Old Testament Ethics for the People of God*, IVP, 1989), pp. 13-19에 잘 묘사되어 있다.

구약 윤리의 대상: 내러티브와 실천적 지혜

구약 윤리를 중요시하는 것이 '율법주의'가 아니냐는 두 번째 질문은 구약 윤리 연구의 대상과 토대에 대한 좁은 이해에 기인한다. 흔히 구약 윤리는 하나님의 직접 명령이 담긴 구약의 율법을 해석하고 현대에 적용할 수 있는 방법을 찾는 것이 전부라고 이해되곤 한다. 대표적으로 『앵커 성경 사전』(Anchor Bible Dictionary)에 실린 구약 윤리 항목조차 "구약 윤리의 자료는 모세오경에서 찾을 수 있다"라고 말한다.[5] 율법을 구약 윤리의 주된 연구 대상으로 여기는 생각과 율법의 구약을 은혜의 신약이 대체했다는 생각이 결합될 경우, 구약 윤리는 은혜의 시대를 살고 있는 오늘날 그리스도인에게는 적용되지 않는 율법주의에 불과하다고 여겨질 수 있다. 그러나 구약성경에는 분명 율법 외에도 다양한 장르가 있으며, 그 모두가 구약 윤리 연구에 적합하고 마땅한 대상이다. 내러티브는 율법과 달리 직접적 원리나 명령이 아니기에 그저 모호해 보일 수 있다. 그러다 보니 내러티브가 묘사한 행동의 윤리적 평가는 율법을 의존하게 되고 내러티브는 그저 예화로서만 가치 있는 것처럼 여겨진다. 2장에서 이 문제를 다룬다. 윤리가 모든 상황에 타당한 보편 원리를 추출해 내는 것에 제한되지 않고 삶의 다양한 구체적 상황에 필요한 실천적 지혜를 함양하는 것이라면, 내러티브가 독자들에게 제공하는 삶에 대한 간

---

5) T. L. J. Mafico, "Ethics (Old Testament)" in *Anchor Bible Dictionary*, ed. D. N. Freedman (New York: Doubleday) 2: 645.

접 경험은 구약 윤리의 매우 중요한 요소다. 최근 구약 윤리 연구는 그 주요 대상을 내러티브뿐 아니라 시편으로도 확장했다.[6]

구약 윤리를 율법주의로 오해하는 또 다른 이유는 그 토대와 동기를 하나님의 명령에 대한 순종으로만 이해하기 때문이다. 저자는 4장과 5장에서 이 주제를 논하면서 하나님의 직접 명령만큼이나 자연법 또한 구약 윤리의 토대가 될 수 있으며, 창조에 깃든 윤리 질서를 따르는 것이 윤리의 동기가 될 수 있음을 설명한다. 하나님과의 특별한 언약 관계 안에 있는 그리스도인에게만 주어진 명령뿐 아니라, 하나님이 창조하신 모든 인간의 양심과 상식 또한 윤리의 토대가 된다는 것이다. 바턴은 지혜 문학뿐 아니라 율법과 예언서에서도 자연법적 특성을 찾아볼 수 있다고 주장한다.[7] 만일 이런 논의가 옳다면 구약 윤리를 율법주의로만 생각하는 것은 적절하지 않다. 구약성경, 특히 내러티브를 통해 발견하게 되는 인간의 본성은 변하지 않았다. 구약 윤리는 '폐기된 율법'에 관한 것이 아니다.

보편 윤리의 가능성: 구약 윤리와 자연법

자연법에 대한 저자의 관심은 그의 박사학위 논문과 1980년에 출간된 아모스의 열방 예언에 대한 연구까지 거슬러 올라간다.[8] 아모스

---

6) Gordon J. Wenham, *Psalms As Torah: Reading Biblical Song Ethically* (Grand Rapids: Baker Academic, 2012).
7) 더 정교한 논의를 위해서는 John Barton, "Natural Law and Poetic Justice in the Old Testament", *Journal of Theological Studies* 30 (1979): pp. 1-14를 보라.

1:2-5을 보면, 하나님은 그분과 언약 관계에 있지 않은 이방 민족들에게도 윤리적 책임을 물으신다. 이스라엘 주변 민족들은 하나님의 율법을 어겨서가 아니라 인간이라면 마땅히 저질러서는 안 되는 죄를 범했기 때문에 심판받는다. 즉, 아모스는 언약 관계 바깥에서도 유효한 보편 윤리를 다루고 있다. 이는 구속보다는 창조에 근거한 것으로, 자연법이라 불리는 사상과 비슷하다.

자연법에 관한 이런 논의는 구약 윤리가 적용되는 대상의 범위에 대한 세 번째 질문과 관련된다. 만일 구약 윤리가 전적으로 율법이나 예언에 담긴 하나님의 명령을 순종하는 문제라면, 그것은 하나님의 백성에게만 적용될 수 있을 것이다. 예를 들어, 토지와 주택을 독점하는 이스라엘 사람들에 대한 심판이 담긴 이사야 5:8-10이 현대 경제 윤리에 적용될 수 있다 하더라도, 그 본문의 메시지는 오직 그리스도인에게만 해당될 뿐 일반 사회에 적용될 근거가 없다고 생각할 수 있다. 이와 관련해 크리스토퍼 라이트는 율법이나 예언이 그리는 이스라엘의 이상적 모습이 하나님이 원하시는 사회의 패러다임이기에, 이스라엘에게 요구되었던 윤리가 현대 사회 일반에도 의미가 있다고 제안한다.[9] 이와 더불어, 바턴의 주장대로 창조에 깃든 원리나 인간의 상식과 양심에 기초하는 자연법이 구약 윤리의 여러 토대

---

8) John Barton, "God and Ethics in the Eighth-Century Prophets" (D.Phil. diss., University of Oxford, 1974); John Barton, *Amos's Oracles against the Nations* (Cambridge: Cambridge University Press, 1980).
9) 크리스토퍼 라이트의 패러다임적 접근은 이스라엘에 적용된 내용들을 온 인류에 적용할 수 있는 방법론적 근거를 제공하기는 한다. 참고. 『현대를 위한 구약윤리』(2006), pp. 270-271.

중 하나라면 구약 윤리는 구속 공동체를 넘어 창조 공동체에까지 의의가 있다. 희년은 이런 논의를 적용할 수 있는 또 다른 좋은 사례다. 희년은 언약 공동체에게 주어진 제도로 보이지만, 그 근거가 되는 '토지가 다 하나님의 것'이라는 선언에서 창조신학적이며 자연법적인 특징을 찾아낼 수 있다면, 희년에 담긴 윤리적 도전은 신앙 공동체뿐 아니라 일반 사회에도 유효할 수 있다. 요컨대, 자연법에 관한 바턴의 논의는 구약성경이 보편 규범이 될 수 있는 가능성을 열어 주며 이것은 이 책이 주는 매우 중요한 통찰이다.

하나님의 백성 너머 하나님의 온 세상을 위한 구약 윤리

윤리와 구약을 나란히 둔 이 책의 원제 'Ethics and the Old Testament'는 구약성경이 일반 윤리학과 도덕에 대한 논의에도 기여할 바가 있다는 사실을 희미하게 암시한다. 이런 점에서 한국어판 제목 '온 세상을 위한 구약 윤리'는 그러한 문제의식을 좀더 뚜렷하게 드러낸다. 구약 윤리는 교회 같은 신앙 공동체만을 위한 윤리가 아니다. 하나님은 온 세상의 창조주이시며, 모든 사람은 하나님의 형상으로 창조되었다. 하나님의 형상인 인류가 살아가고 있는 하나님의 창조 세계는 하나님의 방식대로 다스려져야 한다. 그 방식은 하나님의 백성에게 언약을 통해 주어지기도 했지만, 양심과 상식의 자연법을 통해서 모든 사람에게 주어졌다. 이런 점에서, 개정판에서 추가된 이 책의 마지막 장에서 인간의 존엄성을 구약의 윤리적 비전으로 제시하는 것은 의미심장하다. 인간이 존엄하다는 구약의 윤리적 비전은 신앙 공동체의 울타리를 넘어 온 인류와 모든 사회가 함께 공유해야 할 윤리적 비전이기도 하다.

역자의 박사 과정 지도 교수였던 존 바턴의 책을 이제라도 번역해 한국에 소개할 수 있어 기쁘다. 원고를 잘 다듬어 준 IVP 편집부에도 감사드린다. 저자의 구약 윤리 연구를 더 살피고 싶은 독자에게는 우선 두 권의 책을 추천한다. *Understanding Old Testament Ethics* (Westminster John Knox Press, 2003)는 구약 윤리 분야에서 발표한 대표적인 소논문을 모아 놓은 책으로, 저자의 학문 여정을 잘 엿볼 수 있다. 최근에 출간된 *Ethics in Ancient Israel* (Oxford University Press, 2014)은 지금까지 윤리학과 고대 사상사 등에서 간과되어 온 고대 이스라엘의 윤리적 사고를 탐구한 것으로, 고대 이스라엘의 도덕적 성찰을 이해하기 위한 중요한 주제들과 더불어, 드러난 하나님의 뜻에 대한 순종만이 구약 윤리의 토대가 아니라는 주장에 대한 더 정교하고 확장된 논의를 볼 수 있다.

옮긴이 전성민은 서울대학교 수학과를 졸업하고 캐나다 밴쿠버에 있는 리젠트 칼리지에서 성서언어(M.C.S.)와 구약학(Th.M.)을 공부했다. 영국 옥스퍼드 대학교에서 존 바턴의 지도 아래 구약 내러티브의 윤리적 읽기에 관한 연구로 박사 학위(D.Phil.)를 받았으며, 학위 논문은 *Ethics and Biblical Narrative*라는 제목으로 한국 신학자 최초로 옥스퍼드 신학 및 종교학 단행본 총서로 출판되었다. 웨스트민스터신학대학원에서 구약학을 가르쳤으며, 현재 밴쿠버 기독교세계관대학원의 학장이자 세계관 및 구약학 교수로 재직하면서 기독연구원 느헤미야의 초빙 연구위원으로 섬기고 있다. 전공 영역인 구약 윤리 외에, 세계관적 성경 읽기와 설교, 평신도 신학, 미션얼 운동의 구약적 토대, 성서학과 과학의 관계 등에도 관심이 많다. 지은 책으로는 『사사기 어떻게 읽을 것인가』(성서유니온)가 있고, 옮긴 책으로는 『도킨스의 망상』(살림), 『IVP 성경배경주석』(공역, IVP), 『크리스토퍼 라이트, 성경의 핵심 난제들에 답하다』(새물결플러스)가 있다.

온 세상을 위한 구약 윤리

초판 발행_ 2017년 1월 2일

지은이_ 존 바턴
옮긴이_ 전성민
펴낸이_ 신현기

펴낸곳_ 한국기독학생회출판부
등록번호_ 제313-2001-198호(1978.6.1)
주소_ 04031 서울시 마포구 동교로 156-10
대표 전화_ (02)337-2257 팩스_ (02)337-2258
영업 전화_ (02)338-2282 팩스_ 080-915-1515
홈페이지_ http://www.ivp.co.kr 이메일_ ivp@ivp.co.kr
ISBN 978-89-328-1460-5

ⓒ 한국기독학생회출판부 2017

책값은 뒤표지에 있습니다.
무단 전재와 복제를 금합니다.